第1章

iPad の基本を知ろう

レッスン 1　iPad でできること

iPad は使うシーンに合わせてさまざまな顔を見せてくれます。iPad には、できることの数だけ使う人の楽しみがあります。まずこの章では、iPad の初期設定と、iPad を使うのに必要な基本操作を覚えましょう。

1　iPad の種類

iPad にはマウスもキーボードも付いていません。インターネットに接続するケーブルもありません。これ 1 つだけで、いろいろなことができる多機能情報端末です。iPad 本体全体が、大きな美しいディスプレイとなっていて、カメラもキーボードも入っています。

iPad にはアプリ（アプリケーション）と呼ばれるメニューがたくさん用意されていて、ある時は地図、ある時はインターネットの入口、カメラやビデオ、本、手帳、カレンダー、年中無休の音楽ショップや映画レンタルショップ、本屋さんになったりします。iPad にない機能は、オンラインストアから必要なアプリを追加できます。

ビデオ通話で遠くの家族と顔をあわせたり、仕事の打ち合わせや、趣味の講座などでもビデオ通話を利用する人が増え、iPad は手軽なコミュニケーションの道具になっています。

iPad には使う人の数だけ、楽しみ方があります。本書では iPad の基本操作を、できるだけわかりやすく学んでいただけるよう、コツやポイントなども交えてご紹介しています。

▼iPad の種類（執筆時点で最新のもので比較）

iPad		iPad Air	iPad Pro		iPad mini
第 9 世代 ホームボタンあり	第 10 世代 ホームボタンなし	第 5 世代 ホームボタンなし	第 4 世代 ホームボタンなし	第 6 世代 ホームボタンなし	第 6 世代 ホームボタンなし
10.2 インチ：約 25.1cm	10.9 インチ：約 27.7cm	10.9 インチ：約 27.7cm	11 インチ：約 28cm	12.9 インチ：約 32.7cm	8.3 インチ：約 21cm

※ディスプレイの大きさは対角線の長さで表記されます。　　　2023 年 12 月現在

- iPad（第 10 世代）は 2022 年 10 月発売で、最も手軽な価格帯の iPad です。
- iPad Air（第 5 世代）は 2022 年 3 月発売で、本体が薄く軽いタイプの iPad です。
- 2022 年 10 月に発売された iPad Pro は iPad の中の最も高性能なモデルです。
- iPad mini は iPad の中では一番小さく軽量なモデルです。
- Apple Pencil（アップルペンシル）を使えば、小さい文字や繊細なタッチの絵などを書くことができます。Apple Pencil にも第 1 世代と第 2 世代があるので、どの iPad に対応しているか確認してから購入しましょう。

2 iPad の各部の名称

iPad 各部の名称を見てみましょう。左側の画面はトップボタンのある iPad、右側の画面はホームボタンのある iPad です。背面にアンテナがあるのは、Wi-Fi（ワイファイ）＋ Cellular（セルラー）モデル（P7 参照）だけです。
本書では次のような表記となります。

- トップボタン／Touch ID センサー → トップボタン
- 電源オン／オフ スリープ／スリープ解除ボタン → 電源ボタン

また、ホームボタンの有無や指紋認証、顔認証で操作の違う場合には、➡️ を付けて説明します。

② 音量ボタン： 音量の調整に使います。上のボタンを押せば音量は大きく、下のボタンを押せば小さくなります。

① トップボタン／Touch ID センサー
（ホームボタンがないタイプ）

① 電源オン／オフ スリープ／スリープ解除ボタン

背面側カメラ

③ **スピーカー**

前面側カメラ

ホーム画面

前面側カメラ

ホーム画面

ホームボタン／ Touch ID センサー

USB-C コネクタ
充電する時に使う USB-C ケーブルの差し込み口です。

Lightning コネクタ
充電する時に使う Lightning ケーブルの差し込み口です。

3

3 iPad の充電

iPad の右上には電池のマークが表示され、バッテリー残量が確認できます。
バッテリーはぎりぎりまで使用せずに、20%程度になったら充電するようにしましょう。
また、100%まで充電したら、そのままにせずにケーブルは外しておきましょう。

① 付属のケーブルを本体下部の USB-C（ユーエスビーシー）コネクタまたは Lightning
　（ライトニング）コネクタにつなぎ、コンセントに接続します。
② バッテリーの残量が画面右上に表示されます。

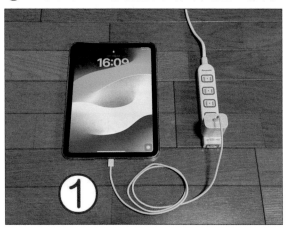

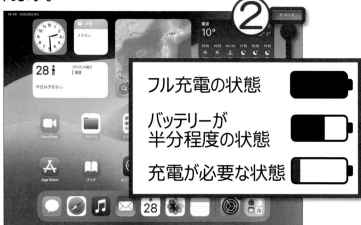

4 iPad の基本ソフトウェア「iPadOS」について

iPad は新製品が出るたびに、さまざまな機能が追加されてきました。これは iPad に入ってい
る基本ソフトウェアが更新されているためです。以前購入した iPad でも、最新の基本ソフト
ウェアを利用することができます。この基本ソフトウェアは、常に最新の状態で使いましょう。
このソフトウェアの名前を iPadOS（アイパッドオーエス）といいます。iPadOS のバージョンは
数字で表され、数字が大きいほど新しいものになります。
基本ソフトウェアのバージョンは次の手順で確認します（本書では iPadOS17.2 の状態）。
基本ソフトウェアやアプリのバージョンアップに伴い、ある日突然、今まで使っていたメ
ニューやデザインが変わってしまうことがよくあります。

このような時でも、あわてずゆっくり画面を観
察してみましょう。慣れてくると、今までと似て
いるメニューや名称を見つけやすくなってく
るでしょう。
通常、基本ソフトウェアの更新はインターネッ
トに接続されている状況で自動的に行われ
ます。

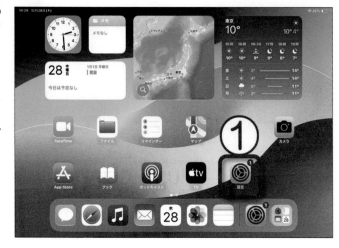

① ホーム画面の 　　　 ［設定］に軽く触れま
　す。

② ［一般］に軽く触れます。
③ ［ソフトウェアアップデート］に軽く触れます。
④ 現在の iPadOS のバージョンと状態が表示されます。

iPadOS が最新の場合、**「iPadOS は最新です」**と表示されます。

5 iPadOS のアップデート

ソフトウェアを最新の状態にすることをソフトウェアのアップデートといいます。アップデートすると、不具合が解消されたり、新機能が追加されたりします。iPadOS が最新の状態にできる時は、ホーム画面の［設定］に赤色の丸に数字が表示されます。
iPadOS は古いままで使わず、次の手順でアップデートして最新の状態にしておきましょう。この作業を進めるには、バッテリーが 50％以上残っている必要があります。
※ バージョンアップの程度によって表示されるメッセージは異なります。画面は iPadOS17.2 にバージョンアップした時のものです。

① ホーム画面の ［設定］に軽く触れます。
② ［一般］に軽く触れます。
③ ［ソフトウェアアップデート］に軽く触れます。
④ ［今すぐアップデート］に軽く触れます。

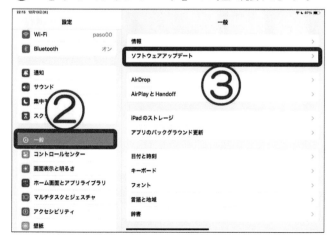
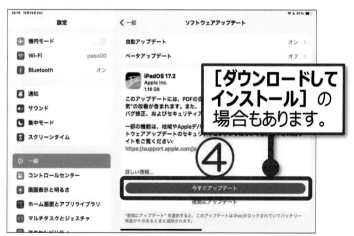

［ダウンロードしてインストール］の場合もあります。

⑤ ［パスコードを入力］と表示されたらパスコード（6 桁の数字：iPad を使う際に使用するもの）を正確に入力します。

⑥ 利用規約が表示されたら［同意する］、もう一度表示されたら［同意する］をタップします。

 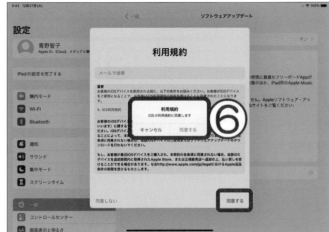

⑦ しばらく待ちます。［今すぐインストール］と表示されたら軽く触れます。アップデートが開始されます。

⑧ しばらく待ちます。画面が一度暗くなり、リンゴマークが表示されます。

⑨ ［Touch ID またはパスコードを入力］と表示されたらパスコードを入力します。ホーム画面が表示されます。

6

レッスン 2　Wi-Fi とは

Wi-Fi（ワイファイ）とは無線でインターネット回線につながる仕組みです。
Wi-Fi（wireless fidelity）の「Wi」は「Wireless」（ワイヤレス）の「Wi」です。コードレス電話にコードがないのと同様に、ワイヤー（線）がなくてもインターネットに接続される規格のことをいいます。

1　Wi-Fi と iPad の２つのモデル

iPad には 2 つのモデルがあります。

1つはスマートフォンと同じように、携帯電話会社と通信契約する必要がある Wi-Fi（ワイファイ）＋Cellular（セルラー）モデルです。携帯電話会社と通信契約をし、毎月支払いが発生します。契約した分のデータ通信量があるので、自宅でも外出先でも、どこでもインターネットを利用することができます。

もう1つはどこの携帯電話会社とも契約する必要のない Wi-Fi（ワイファイ）モデルです。携帯電話会社と通信契約していないので、外出先では Wi-Fi を使ってインターネットを利用します。iPad を外出先でも使いたい時、持ち歩いて使いたい時は、通信契約が必要です。

自宅に Wi-Fi があり、iPad を持ち歩いて使う必要がない場合は、通信契約は特に必要ありません。自宅で契約しているインターネット回線を iPad で使用するのにあたって、改めて料金がかかることはありません。

スマートフォンを買い替えの際に、iPad などのタブレット端末をとても安い価格で勧められることがありますが、通信契約が伴うのかそうでないのか、外出時に使う必要があるのかないのか、しっかり見極めてから購入を決めるようにしましょう。

Wi-Fi＋Cellular モデル	Wi-Fi モデル
• 本体背面にアンテナが内蔵されています。	• 本体の背面にアンテナはありません。
• ドコモ社、ソフトバンク社、au 社などの**携帯電話会社との契約が必要**で、月々のデータ通信料金を支払う必要があります。契約したデータ通信量分のインターネットが利用できます。	• **携帯電話会社との契約は不要**なので月々のデータ通信料金は発生しません。
• スマートフォンと同様に、外出先でもインターネットを利用できます。	• Wi-Fi モデルは、Wi-Fi を利用しないとインターネットに接続できません。
• 併せて Wi-Fi も利用できます。	• iPad を自宅や職場の Wi-Fi や、外出先で利用できる Wi-Fi につないでから使用します。

2 自宅や外出先での Wi-Fi の利用

プロバイダー（インターネット接続事業者）と契約し、インターネットが使える状態であれば、iPad のために新たに契約をする必要はありません。無線ルーターという装置を使って、自宅のインターネット回線を無線にし、iPad をインターネットに接続することができます。

右図のような無線ルーターの側面（または底面）を見ると、SSID（エスエスアイディ）と記載されているはずです。それが自宅で使える Wi-Fi の名前です。また暗号化キー（KEY や PASS と記載されている場合もあります）が、その Wi-Fi のパスワードです。

製品型番	AMNOS-5555555
製造番号	XXXXXXXXXXXXXX
プライマリ SSID（2.4GHz）	XXXXX-XXXXX-g
プライマリ SSID（5GHz）	XXXXX-XXXXX-a
暗号化キー	ABCDEFG12345678

Wi-Fi ルーターを購入した時に、箱の中に書類が入っていたり、Wi-Fi の設定を依頼した時にもらう書類などがありますので、それらを見ながら iPad の Wi-Fi 設定を行いましょう。

アンテナの内蔵されている Wi-Fi+Cellular モデルの場合でも、自宅に無線ルーターがあれば通信速度が速くなり、さらに快適な環境でインターネットに接続することができます。アプリを追加する時も、長い時間待たされることなく終わります。

最近では無料で提供されている Wi-Fi スポット（Wi-Fi のつながる場所）や、Wi-Fi の使える店舗、カフェ、ホテル、駅などが増えています。ただし、無料で提供されているWi-Fiのセキュリティは脆弱なことが多いので、重要な通信やネットバンキングなどの金融取引は控えるようにしましょう。

Wi-Fi を使えば高速で大容量のデータを伴う通信ができます。これは Wi-Fi を使う大きなメリットの1つです。例えば動画の視聴はやりとりするデータ量が多いので、処理が間に合わないと時々動画が途切れたり、滑らかに再生されなかったりします。Wi-Fi を使ってインターネットに接続すると、こうした現象を解消することができます。

現在多くの商業施設、店舗、駅などでパスワードなしのフリーの Wi-Fi が提供されています。海外旅行でも、空港や宿泊先ホテルの Wi-Fi を利用すれば、多額のデータ通信料金を払うことなく無料でインターネットが使えます。

また、スマートフォンを利用して iPad をインターネットに接続することができます。これをテザリングといいます。テザリングを利用すれば、スマートフォンのデータ通信料金内（機種や契約内容によっては有料）で iPad をインターネットに接続できます。使用しているスマートフォンが iPhone の場合は、「インターネット共有」というメニューで設定を行います。

カバンやポケットに入れて持ち歩けるモバイル Wi-Fi という機器もあります。携帯電話と同様に月々データ通信料金を支払うタイプや、旅行や出張など必要な時だけレンタルができるサービスがあります。モバイル Wi-Fi を持っていれば、行く先々でインターネットに接続することができます。

3 Wi-Fi の設定

iPad の Wi-Fi の設定を確認しましょう。その場所で利用できる Wi-Fi は、iPad の画面に自動的に表示されることになっています。Wi-Fi ネットワークの名前を SSID（エスエスアイディ）といいます。SSID とパスワードがわかれば自分で Wi-Fi に接続することができます。Wi-Fi の設定はとても大事なので、いつでも自分でできるようにしておきましょう。

① ホーム画面の ⚙️ ［設定］に軽く触れます。
② ［Wi-Fi］に軽く触れます。
③ ［Wi-Fi］が ⚪️ オフの時は、軽く触れて 🔵 オンにします。
④ ［ネットワーク］の中から接続したい SSID の名前を探して軽く触れます。
　※iPad を使う場所によって、ここに表示される SSID の名前は異なります。

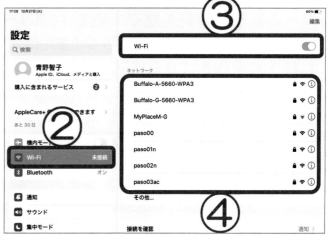

⑤ 使用したい SSID のパスワードを入力し、［接続］に軽く触れます。
⑥ 使用する SSID にチェックマークが表示され、Wi-Fi に接続できます。

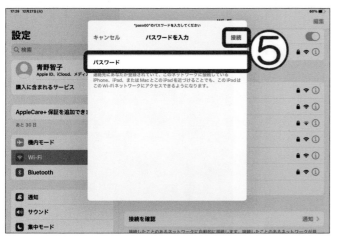

🔒 が付いている SSID は、パスワードが設定されています。

Wi-Fi ネットワークの名前やパスワードは、店舗の人に聞くと教えてくれたり、パスワードを記載したものを提示してくれたりします。
また、壁面やテーブルなどに掲示されていたりする場合もあります。
SSID とパスワードがわかれば、その場所で使える Wi-Fi が自分で設定できますよ。

レッスン 3　画面が暗くなった時の操作

iPad はしばらく触れていないと画面が暗くなります。画面が暗くなっても電源が切れたわけではなく、すぐに使えるようにスタンバイしている状態です。

1　スリープ／スリープ解除

画面に触れて操作する iPad ですが、使っていない時でも画面が長時間明るいままだと、バッテリーを消耗します。iPad はしばらく画面に触れていないと自動的に暗くなります。その時は軽く画面に触れると、明るくなります。また、一定の時間（初期設定では2分）画面に触れていないと真っ暗になり、この時は画面を触っても明るくなりません。

画面が自動的に暗くなり節電のため待機している状態をスリープといいます。これはバッテリーの無駄な消耗を防ぐ工夫です。スリープの時は、完全に電源が切れているわけではありません。本体のトップボタン（または電源ボタン）を押してスリープを解除すると、すぐに続きの操作ができる状態になります。

iPad の電源を完全に切って（オフ）しまうと、次に電源を入れる（オン）のに少し時間がかかります。しばらく操作しない時は、電源を切るのではなく、トップボタン（または電源ボタン）を押して画面を消すようにするとよいでしょう。

▼電源が入っている状態	▼しばらく触れずに 画面が暗くなった状態 → **触れると明るくなる**	▼一定時間経過して 画面が暗くなった状態 → **触れるとロック画面になる**

① ホーム画面の状態で、本体のトップボタン（または電源ボタン）を軽く1回押します。画面が暗くなり、スリープの状態になります。
② 本体のトップボタン（または電源ボタン）を軽く1回押します。画面が明るくなり、日付や時刻が表示されたロック画面になります。

▼ホーム画面

▼スリープの状態

▼ロック画面

③ ホーム画面が表示されていない時は、画面を下から上に押し上げてホーム画面を表示します。下にあるバーを引き上げるようにするとよいでしょう。

丸いホームボタンのある iPad の場合、ホームボタンを押してホーム画面を表示します。

ホーム画面は**すべての操作のスタート地点**です。
操作に迷ったら、一度ホーム画面に戻ってやり直してみるとよいでしょう。

11

2　電源を切る／入れる（再起動）

電源を完全に切り、また電源を入れることを再起動といいます。iPad の電源を完全に切ると、次に使える状態になるまでに少し時間がかかります。通常は、前述のようにトップボタン（または電源ボタン）を押して、スリープの状態にしておいて構いません。

① 本体のトップボタンと音量を上げるボタンを両方同時に、長めに（3秒程度）押します。

　　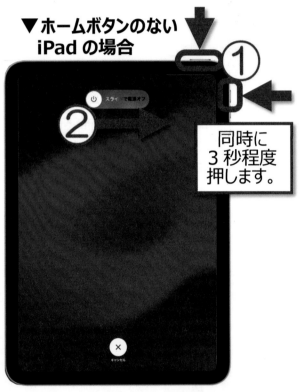 丸いホームボタンのある iPad の場合、電源ボタンを長めに押します。

② ［スライドで電源オフ］の ⏻ を右へ動かします。画面が暗くなって完全に電源が切れます。これが電源オフの状態です。

▼ホームボタンのない iPad の場合

▼ホームボタンのある iPad の場合

同時に3秒程度押します。

3秒程度押します。

③ しばらくしてから、もう一度本体のトップボタン（または電源ボタン）を5秒程度押します。リンゴマークが表示されたら指を離します。
④ しばらくするとロック画面が表示されます。P24 で作成した6桁のパスコードを入力します。
⑤ 画面を下から上に押し上げてホーム画面を表示します。

　　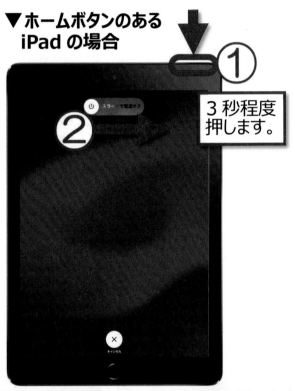 丸いホームボタンのある iPad の場合、ホームボタンを押してホーム画面を表示します。

🎎 ワンポイント　再起動について

iPad の調子が悪い時は再起動を試してみてください。画面が切り替わらない、アプリなどの動作が遅いなどの場合は、iPad を再起動すると、トラブルが解消されることがよくあります。お店などに持ち込む前に、このような方法で解決できる場合があるので、この操作方法はしっかりと覚えておきましょう。

レッスン 4　指で操作する感覚に慣れる

iPad を使うのに必要な指を使った操作を覚えましょう。いずれも爪ではなく指先の柔らかいところを使います。カタカナ用語だと感覚がつかみにくいかもしれませんが、日常生活でもよく行う操作に置き換えてみると、イメージしやすいでしょう。

1　タップ（選ぶ）

タップは指先の柔らかい部分で画面を軽く 1 回触れる操作です。「押す」ほどの力は必要ありません。テーブルの上のゴマ粒を指先で拾う感じです。タップは iPad 操作の基本となります。メニューやボタンを選ぶ時に使います。爪を立てないようにしましょう。強い力で押すと指も滑って上手にタップできません。

① ホーム画面の　　　　　［マップ］をタップします。

② ［マップの新機能］と表示されたら［続ける］をタップします。

③ ［友達が到着予定時刻を共有するときに通知を受信］と表示されたら［今はしない］を、［”マップ”に位置情報の使用を許可しますか？］と表示されたら［アプリの使用中は許可］を、［”マップ”の改善にご協力いただけますか？］と表示されたら［許可］をタップします。

④ 現在地が表示されます。別の場所が表示されていた時は、　　　　をタップして現在地を表示します。

1 回軽く触れます。

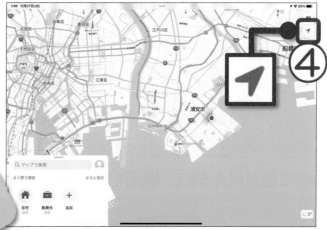

⬛ ワンポイント　簡単にホーム画面に戻る操作

操作に慣れないうちは、指が触れて知らない間に画面が変わってしまったり、ホーム画面の絵柄（アイコン）がゆらゆらと揺れてしまったり、ということがあるかもしれません。

操作の途中で予期せぬ画面が表示されたら、画面を下から上に押し上げてホーム画面に戻りましょう。

丸いホームボタンのある iPad の場合、ホームボタンを押してホーム画面に戻りましょう。

2 ピンチアウト、ピンチイン（拡大・縮小）

指2本を使って、画面の拡大・縮小ができます。指2本で画面を軽く押し広げて大きくすることをピンチアウト、指2本で画面を軽くつまんで小さくすることをピンチインといいます。

ピンチアウト（指で広げる）

もうこれ以上大きくならないところまで
何度かピンチアウトしてみましょう。

ピンチイン（指を狭める）

日本地図、世界地図が見えるくらいまで
何度かピンチインしてみましょう。

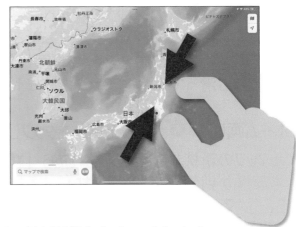

① 地図をピンチアウト（2本の指で広げる）します。地図が拡大表示されます。

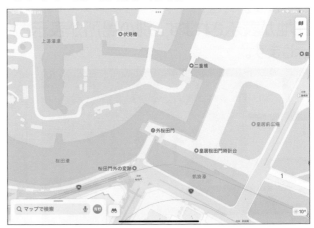

② 地球儀が見えるまで、地図をピンチイン（指を狭める）していきます。

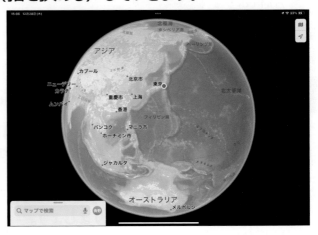

3　ドラッグ、フリック、スワイプ

指の操作に使われるカタカナ用語をすべて覚える必要はありません。ここで説明している操作はどれも似ていますが、次第に指の感覚が慣れていくので、その感覚を重視してください。

ドラッグ　　　指を触れたままゆっくり動かします。最後まで指は触れたままです。「ずるずると引きずる」という感じです。何かを移動する時などに使います。

フリック　　　指で軽く払うように動かします。「ほこりをさっと払う」時の指の感じです。文字入力の時によく使います。

スワイプ　　　指で触れて少し待ってから指を滑らせます。「涙を拭い取る」時の指の感じです。フリックよりも力が入る感じです。最後は画面から指が離れます。メニューを表示させる時などに使います。

どの操作でも地球を動かすことができますが、指の操作の微妙な違いを確かめておきましょう。

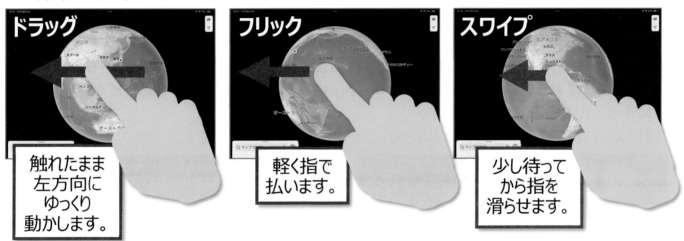

① 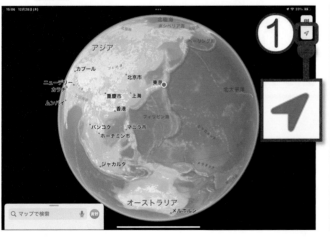 をタップして現在地を表示します。

② 画面を下から上に押し上げてホーム画面を表示します。
丸いホームボタンのある iPad の場合、ホームボタンを押してホーム画面を表示します。

15

レッスン 5　ホーム画面の使い方

ロック画面を解除して最初に表示されるホーム画面は、すべての操作のスタート地点です。ホーム画面にはたくさんのアプリを並べておくことができます。また画面にないメニューは、画面の特定の部分を触って表示させることができます。
ホーム画面を確認してみましょう。

1　ホーム画面

iPad で最もよく目にする画面、それがホーム画面です。
ホーム画面にはアイコンがたくさん並んでいて、これらをアプリといいます。アプリの数だけ、iPad でできることがあります。アプリは、ホーム画面にどんどん追加していくことができます。
アプリが増えてくれば、1つのホーム画面では収まらなくなります。その時は、ホーム画面を左に動かしてみましょう。追加されたアプリが確認できるはずです。
ホーム画面にある大きめの絵柄や、ホーム画面を右に動かすと表示されるものは、ウィジェットと呼ばれるメニューです。ウィジェットには写真、カレンダー、天気などが表示され、常にチェックできるようになります。
ウィジェットを上に動かすと、そのほかのウィジェットも確認できます。

使いたいアプリが見当たらない時はホーム画面を左へ動かします。

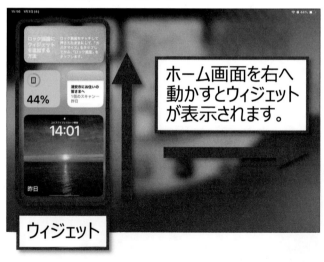

ホーム画面を右へ動かすとウィジェットが表示されます。

ウィジェット

2　コントロールセンター

音量や画面の明るさの調整、Wi-Fi（ワイファイ）の接続／切断、画面の回転、カメラなど iPad でよく利用するメニューが表示されているのがコントロールセンターです。
操作中に、どの画面を見ている時でもコントロールセンターを表示できます。
画面の右上から下に指をゆっくり動かすと、コントロールセンターが表示されます。何かアプリを開くと、コントロールセンターは非表示になります。
コントロールセンターで設定する項目をタップするとオンになります。色が付いている時がオンの状態です。

16

画面の右上から下にゆっくり指を動かします。

① **機内モード**............... 機内モードを ✈ オンにすると、iPad のすべての通信を切断にすることができます。

② **AirDrop**................. AirDrop を使えば、ほかの iPad や iPhone に無線でデータ
（**エアドロップ**）　　　を送ることができます。◉ がオンの状態です。

③ **Wi-Fi**.................... Wi-Fi を使いたい時は 📶 オンにします。

④ **Bluetooth**.............. Bluetooth のオン／オフができます。Wi-Fi も Bluetooth も
（**ブルートゥース**）　　無線の規格です。✳ がオンの状態です。

⑤ **画面の向きのロック**....... 画面の向きを縦か横に固定しておくことができます。

⑥ **画面ミラーリング** .... iPad の画面をテレビなどに映すことができます。Apple TV など別売の機器が必要です。

⑦ **集中モード**............... iPad に届く通知などを制限して集中できる状態にします。

⑧ **消音**...................... 音を消します。

⑨ **タイマー** .... タイマーの画面になります。

⑩ **コードスキャナー** .... 白と黒の二次元コード（QR コード）を読み取ります。

⑪ **ミュージック** .... iPad にある曲の再生や停止ができます。

⑫ **明るさ調節** .... スライダを上下に動かして画面の明るさを設定できます。

⑬ **音量調節** .... スライダを上下に動かして音量を調節できます。一番下まで下げると消音になります。

⑭ **メモ**...................... メモアプリが開きます。

⑮ **カメラ**.................... カメラの画面になり、すぐに撮影できます。

コントロールセンターの画面に戻るには、メニュー以外の場所をタップします。

3 ステータスバーと Dock

画面上のステータスバーでは、次の内容が確認できます。

Dock（ドック）は日本語では「波止場」という意味です。ホーム画面を左右に動かしても、ドックは常に表示されています。ドッグには登録したアプリが並び、ここから素早くアプリを開くことができます。

ほかの画面を開いている時にはドッグは非表示になりますが、いつでも画面の下からゆっくり押し上げるようにすると下からドックを表示できます。ドックの仕切り線の左側にはよく使うアプリを登録できます。仕切り線の右側には、最近使ったアプリが 3 つまで表示されます。

いつでも、下からゆっくり押し上げてドックを表示できます。

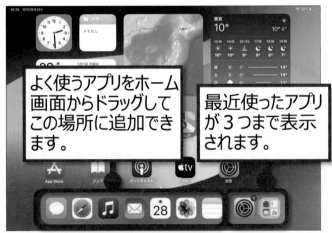

よく使うアプリをホーム画面からドラッグしてこの場所に追加できます。

最近使ったアプリが３つまで表示されます。

4 見やすい画面の設定（太字・テキストサイズ）

文字サイズの変更をしたり、文字を太字にしたりして、より画面を見やすくできます。
文字サイズを大きくすると、設定メニュー、地図やカレンダー、メールやメモなどの文字が大きくなります。

① ホーム画面の  ［設定］をタップします。
② ［画面表示と明るさ］をタップします。
③ ［文字を太くする］の ⬜ オフをタップして ⬜ オンにします。文字が太字になります。
④ ［テキストサイズを変更］をタップします。
⑤ 表示されたスライダを右方向に動かすと、文字サイズを大きくできます。

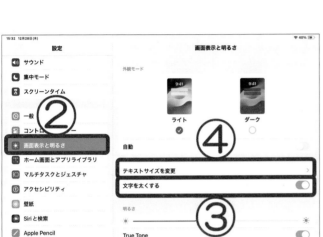

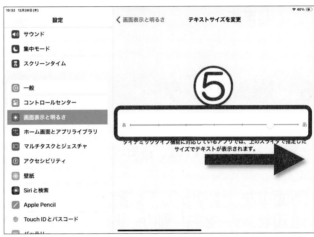

5 見やすい画面の設定（アイコンのサイズ）

ホーム画面に並ぶアイコンのサイズも、見やすく大きめにしてみましょう。

▼通常のアイコンのサイズの場合

▼アイコンのサイズを大きくした場合

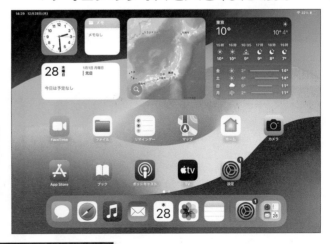

ホーム画面のアイコンの表示数や大きさが変わります。

① ホーム画面の 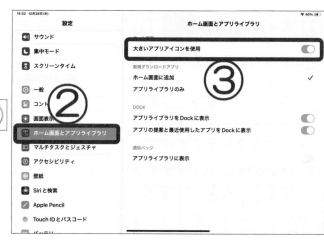 [設定] をタップします。
② ［ホーム画面とアプリライブラリ］をタップします。
③ ［ホーム画面と Dock］の［大きいアプリアイコンを使用］の　　　　　オフをタップし　　　　　オンをタップします。
④ 画面を下から上に押し上げてホーム画面を表示します。

> 丸いホームボタンのある iPad の場合、ホームボタンを押してホーム画面を表示します。

6　通知センター

今日の予定や天気などを通知してくれるのが通知センターです。カレンダー（P140 参照）に予定を入れておけば、通知センターにいつでも簡単に表示させることができます。

① 画面の左上をゆっくり下に動かします。通知センターが表示されます。
② 通知センターを右に動かします。ウィジェットが表示されます。

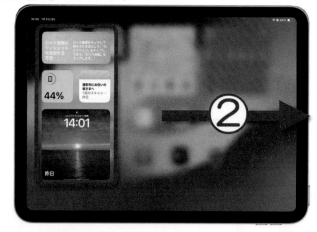

③ 通知センターを左に動かします。カメラが起動します。

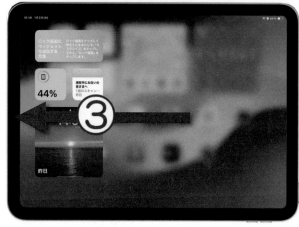

レッスン 6　Apple ID の作成

Apple ID（アップルアイディー）は iPad を使うパスポートのようなものです。iPad を楽しむためには必須の ID です。
すでに Apple ID を取得している場合には、このレッスンは省略して構いません。
また Apple ID を取得していても、パスワードも含めて忘れてしまっている場合には、新規に作り直すこともできます。

1　Apple ID の作成のための準備

iPad を購入後、電源を入れると最初に設定の画面が表示されます。ここでは、購入した iPad を自分が初めて使用する新しい iPad として設定し、新規に Apple ID を取得する手順を紹介します（画面は 2023 年 12 月現在）。
Apple ID は、iPad を楽しむためには必須の ID です。本書ではメール（P60 参照）、メッセージ（P70 参照）、ビデオ通話（P74 参照）、アプリの追加（P78 参照）などに使用します。また、Apple ID はメールアドレスとしても使用できます。
操作を行う前に、ID は何にするか、パスワードはどうするかあらかじめ考えておきましょう。
Apple ID はメールアドレスにもなります。メールアドレスとしても覚えやすいもの、使いやすいものを考えてみましょう。
Apple ID はほかの誰かと同じものでなければ、好きなものを使うことができます。
パスワードは 8 文字以上にする必要があり、英小文字が 1 文字以上、英大文字が 1 文字以上入っていなければいけません。また、「11」「aa」など、同じ文字を 2 回以上続けることはできません。
なお、文字入力については第2章で詳しく説明しています。

① 本体のトップボタン（または電源ボタン）を長めに押して電源を入れます。

② 画面に大きく「Hello」「こんにちは」などと、各国の言葉で表示されます。画面を下から上にゆっくり動かします。

➡ 丸いホームボタンのある iPad の場合、ホームボタンを押します。

長めに押します。

こんにちは

③ 言語を選択します。［日本語］をタップします。

④ ［国または地域を選択］と表示されます。［日本］をタップします。［言語を設定中
…］と表示されます。

⑤ ［外観］と表示されます。［続ける］をタップします。

⑥ ［クイックスタート］と表示されます。［もう一方のデバイスなしで設定］をタップします。

⑦ ［文字入力および音声入力の言語］と表示されます。［続ける］をタップします。

⑧ ［Wi-Fi ネットワークを選択］と表示されます。自分が利用する Wi-Fi ネットワークを
タップします。

⑨ Wi-Fi のパスワードを正確に入力します。数字に切り替えるにはキーボードの .?123 を、アルファベットに切り替えるには ABC をタップします。

⑩ パスワードを入力したら［接続］をタップします。

⑪ ［iPad のアクティベートには数分かかることがあります。］と表示されたら少し待ちます。

⑫ ［データとプライバシー］と表示されます。［続ける］をタップします。

⑬ ［iPad を設定］と表示されます。［自分用に設定］をタップします。

⑭ ［Touch ID］と表示されます。［Touch ID をあとで設定］をタップします。
　※Touch ID（指紋の登録）については P31 を、Face ID（顔の登録）については P30 参照してください。

⑮ ［Touch ID を使用しなくてもよろしいですか？］と表示されます。［使用しない］をタップします。

⑯　［iPad のパスコードを作成］と表示されます。任意の 6 桁の数字を入力します。

⑰　もう一度パスコードに決めた 6 桁の数字を入力します。

パスワードとパスコードは違います。パスコードは数字だけを使います。
手順⑯で決めたパスコードは、iPadを使用する時、設定を変更する時などに入力を求められます。しっかり控えておきましょう。

2　Apple ID の作成手順

iPad を使う時に必ず必要になる Apple ID を作成します。ここで設定した大文字を含むパスワードは、アプリの入手などで必ず必要となるので忘れないようにしましょう。

すでに使い始めている iPad で新規に Apple ID を作成するには、ホーム画面の［設定］をタップし、左上の［iPad にサインイン］をタップして、［Apple ID をお持ちでないか忘れた場合］から始めると次の手順②と同じになります。

①　［アプリとデータを転送］と表示されます。［何も転送しない］をタップします。

②　［Apple ID］と表示されます。［パスワードをお忘れか Apple ID をお持ちでない場合］をタップします。

③　［無料の Apple ID を作成］をタップします。

④ ［名前と生年月日］と表示されます。［姓］の欄をタップし、キーボードから姓を入力します。キーボードの上に変換候補が表示されるので、該当するものをタップします。変換候補が見つからない時は ∧ をタップします。
同様に［名］の欄をタップし、入力します。
⑤ ［生年月日］の欄をタップし、カレンダーを動かして誕生日を入力します。
⑥ ［続ける］をタップします。
⑦ ［メールアドレス］と表示されます。ここでは［メールアドレスを持っていない場合］をタップし、新規に作成します。

⑧ ［iCloud メールアドレスを入手する］をタップします。
⑨ ［メールアドレス］と表示されます。入力欄をタップし、任意の ID（21 文字以内）を入力します。
数字への切り替えは .?123 、アルファベットへの切り替えは ABC をタップします。
⑩ メールアドレスを入力したら［続ける］をタップします。
⑪ ［XXX@icloud.com を作成しますか？］と表示されるので［メールアドレスを作成］をタップします。

ここで **aono3to5** と入力すると、新しいメールアドレスは次のようになります。
aono3to5@icloud.com

⑫ ［Apple ID パスワード］と表示されます。入力欄をタップします。

パスワードは 8 文字以上で、数字および英文字の大文字と小文字が、最低 1 文字以上必要です。また同じ文字を 2 文字以上続けることはできません。

大文字は ⬆ を押しながら入力します。

確認のため同じパスワードをもう一度入力します。

⑬ ［続ける］をタップします。

3 電話番号での認証

携帯電話の番号を入力し、Apple ID の作成を進めます。携帯電話番号を入力すると、メールで6桁の数字が送られてきます。書き留めるためのメモを用意しておくとよいでしょう。その時限り必要な認証手続きのための6桁の数字なので、覚えておく必要はありません。

① ［電話番号］と表示されます。［+81（日本）］の下をタップして、［電話番号］に、本人確認に使用できる電話番号（携帯電話番号、または自宅の固定電話の番号）を入力します。

② ［電話番号の確認方法］の［SMS］（ショートメール）にチェックマークが表示されています。

※手順①で自宅などの電話番号を入力したら、ここでは［音声通話］を選びます。［音声通話］を選んだ場合、手順①で入力した電話番号宛てに電話がかかってきます。音声で 6 桁の番号が伝えられるので、メモなどに書き留めます。

③ ［続ける］をタップします。

④ ［確認コード］と表示されます。手順①で入力した電話番号宛てに、メールで 6 桁の確認コードが送られてきます。届いた番号を入力します。

⑤ 利用規約が表示されます。確認して［同意する］をタップします。

⑥ 以下の画面が表示されたら指示に従って、次のように設定をします。なお、画面の順番は異なる場合があります。

［自動的に iPad をアップデート］	［続ける］をタップします。
［位置情報サービス］	［位置情報サービスをオンにする］をタップします。
［Pay］	［あとでセットアップ］をタップします。
［Siri］	［あとで"設定"でセットアップ］をタップします。
［スクリーンタイム］	［あとで"設定"でセットアップ］をタップします。
［解析］	［共有しない］をタップします。
［ライトまたはダークの画面表示］	［続ける］をタップします。
［iCloud キーチェーン］	［iCloud キーチェーンを使用しない］をタップします。

⑦ ［ようこそ iPad へ］と表示されます。［さあ、はじめよう］をタップします。

⑧ ホーム画面が表示されます。

［ようこそ iPad へ］と表示されたら Apple ID の作成は終了です。作成した Apple ID とパスワードを控えておきましょう。**パスワードはとても大事**なものです。人に見られないように、しっかり管理してください。

Apple ID	@icloud.com
パスワード（大文字含む）	

ワンポイント　Apple ID（アップルアイディ）について

Apple ID に従来のメールアドレス、携帯電話のメールアドレスなどを設定することもできますが、新しいメールアドレスが1つ増えると考えて、新規取得しておくとよいでしょう。
特に意識せずパスワードを設定してしまうと、後でわからなくなって Apple ID が使えない場合があります。入力した通りの表記を覚えておきましょう。
iPad に設定してある Apple ID を確認する方法は次の通りです。

① ホーム画面の　[設定] をタップします。
② 自分の名前が表示されています。自分の名前をタップします。
③ 名前の下に表示されているものが、その iPad に設定されている Apple ID となります。

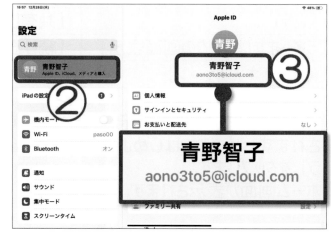

レッスン 7　iPad のセキュリティ設定

iPad を持ち歩いていると、紛失してしまったり、盗難といった可能性もあります。万が一に備えて、iPad にセキュリティ対策としてパスコードを設定しておきましょう。2017 年3 月以降に発売された iPad には指紋認証の機能が、また 2018 年 11 月以降に発売された iPad には顔認証の機能があります。これらはロック画面の解除やアプリの追加（P78 参照）などに使うことができます。

1　パスコードの設定（未設定の場合）

パスコードを設定すると、最初に6桁の数字を入力しなければ iPad が使えないようになります。セキュリティのためには有効なので、オフにしている場合は必ず設定しておきましょう。

① ホーム画面の　　　　　 ［設定］をタップします。
② ［Touch ID とパスコード］をタップします。

　　　　　 顔認証ができる iPad の場合、［Face ID とパスコード］をタップします。

③ ［パスコードをオンにする］をタップします。
④ ［パスコードを設定］の画面で、パスコードにする6桁の数字を入力します。

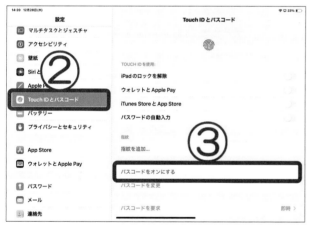
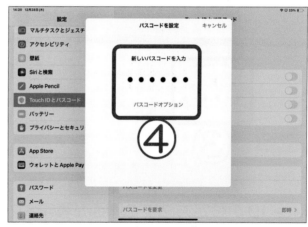

⑤ もう一度、手順④で入力した6桁の数字を入力します。
⑥ ［Apple ID パスワード］の画面で、パスワード（大文字の含まれるもの）を入力し、［サインイン］をタップします。これでパスコードが設定されます。

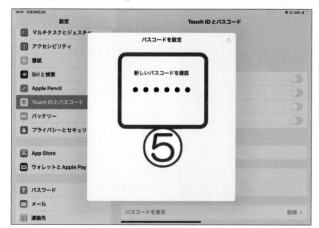

⑦ 本体のトップボタン（または電源ボタン）を軽く押します。画面が消えてスリープの状態になります。

⑧ もう一度、本体のトップボタン（または電源ボタン）を軽く押します。ロック画面が表示されます。

⑨ 画面を下から上に押し上げます。パスコード入力の画面が表示されます。設定した6桁のパスコードを正確に入力します。

→ 丸いホームボタンのある iPad の場合、ホームボタンを押します。

2 顔の登録（顔認証のできる iPad）

顔認証のできる iPad は、顔を登録して Face ID（フェイスアイディー）を使用できます。ロック画面の解除にも、登録した顔が使えます。

① ホーム画面の 　[設定]をタップします。

② ［Face ID とパスコード］をタップします。

③ ［パスコードを設定］の画面で、パスコードを入力します。

④ ［Face ID をセットアップ］をタップします。［縦向きに回転してください］と表示されたら iPad を縦向きにして持ちます。

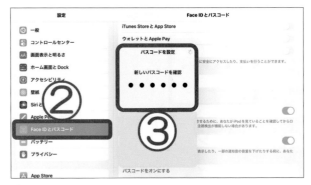

⑤ ［Face ID の設定方法］の画面が表示されるので［開始］をタップします。

⑥ 画面の指示に従ってゆっくりと顔を動かし、顔をスキャンします。

⑦ ［1回目の Face ID スキャンが完了しました。］と表示されたら［続ける］をタップします。

⑧ さらに画面の指示に従ってゆっくりと顔を動かします。
⑨ ［Face ID が設定されました。］と表示されたら［完了］をタップします。
⑩ 画面を下から上に押し上げて、ホーム画面に戻ります。
⑪ 本体のトップボタンを軽く押します。もう一度、同じボタンを軽く押し、ロック画面を表示します。
⑫ iPad の画面に視線を合わせると、ロックが解除されます。

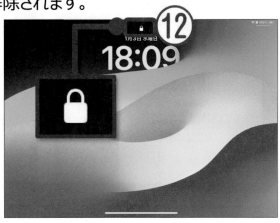

⑬ ロックが解除されたら、画面を下から上に押し上げて、ホーム画面を表示します。

3　指紋の登録（指紋認証のできる iPad）

トップボタン（またはホームボタン）で指紋が読み取れる iPad では指紋認証ができます。
指紋を登録して、トップボタン（またはホームボタン）にタッチして使用する Touch ID
（タッチアイディー）にします。

登録した指紋はロック画面の解除にも使えます。指紋がうまく読み取れない場合も考えて、複数の指の指紋を登録しておくとよいでしょう。

① ホーム画面の 　　　　［設定］をタップします。
② ［Touch ID とパスコード］をタップします。
③ ［パスコードを入力］の画面で、6 桁のパスコードを入力します。
④ ［指紋を追加］をタップします。

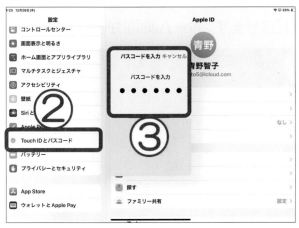

⑤ ［Touch ID］の画面が表示されたら、指紋を登録したい指をトップボタン（またはホームボタン）の上に軽くのせます。ボタンを押す必要はありません。

⑥ ［指を置いてください］の画面が表示されます。トップボタン（またはホームボタン）に触れるたびに、画面の指紋の線が赤くなっていきます。トップボタン（またはホームボタン）に指を当てたり、離したりを繰り返して指紋を登録します。

⑦ ［指紋のすべてをキャプチャー］の画面が表示されたら［続ける］をタップし、指の縁をトップボタン（またはホームボタン）に触れては離す作業を繰り返します。

⑧ ［完了］の画面が表示されたら［続ける］をタップします。

⑨ 別の指の指紋を登録するには［指紋を追加］をタップし、同様の作業を繰り返します。

⑩ 画面を下から上に動かし（丸いホームボタンのある iPad はホームボタンを押して）ホーム画面に戻ります。

⑪ 本体のトップボタン（または電源ボタン）を軽く押します。画面が消えてスリープの状態になります。もう一度、トップボタン（または電源ボタン）を軽く押します。ロック画面が表示されます。

⑫ 設定した指紋をトップボタン（またはホームボタン）にのせます。ホーム画面が表示されます。

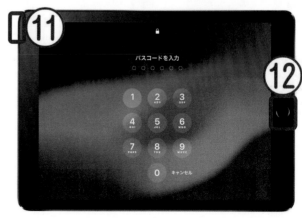

第 **2** 章
インターネットで
情報を調べよう

レッスン 1　文字の入力方法

iPadで文字を入力してみましょう。iPadには最初からキーボードが表示されていませんが、文字を入力できる場面になると自動的にキーボードが表示されます。

1　キーボードの種類

iPadには日本語を入力するための日本語かな、英文字を入力するための English（Japan）、絵文字を入力する絵文字のキーボードがあります。ローマ字入力に慣れた人には、日本語ローマ字のキーボードもあります。まず、キーボードの種類を確認しましょう。

① ホーム画面の　　　　　　［メモ］をタップします。
② ［ようこそ"メモ"へ］と表示されたら［続ける］をタップします。
③ 　　　　　をタップします。別のメモがすでにある時は［メモ］をタップし、　　　　をタップします。

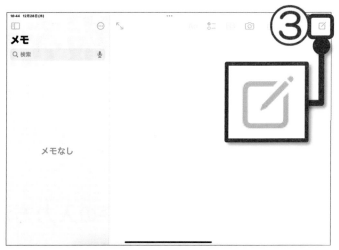

④ メモの何も書いていないところをタップするとキーボードが表示されます。

⑤ 　　　　または　　　　を長押しすると、キーボードの種類が表示されます。切り替えたいキーボードをタップします（［日本語かな］キーボードの表示方法は、P35を参照）。
⑥ キーボードの説明が表示されたら［OK］をタップします。

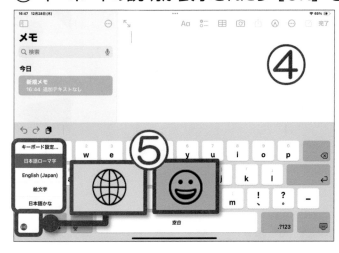

 **ワンポイント** 　[日本語かな] キーボードの追加

[日本語かな]キーボードがなかった場合
の追加方法は次の通りです。

①  または 　　 を長めに押します。
② [キーボード設定] をタップします。
③ [キーボード] をタップします。
④ [新しいキーボードを追加] をタップしま
　 す。

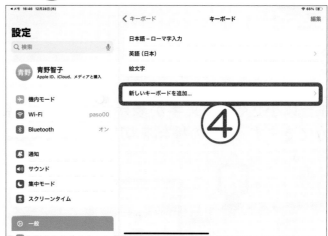

⑤ [日本語] をタップします。
⑥ [かな入力] をタップし、[完了] をタップします。
⑦ キーボードを追加したら、画面を下から上に押し上げてホーム画面に戻ります。
　　　　　丸いホームボタンのある iPad の場合、ホームボタンを押してホーム画面に戻ります。

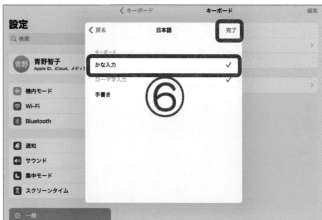

35

■ ［日本語ローマ字］キーボード

［日本語ローマ字］キーボードは、パソコンの文字入力に慣れている方にお勧めです。🌐 を長押ししてキーボードを切り替えます。

.?123 　#+= 　あいう のキーをタップすると、数字、記号、アルファベットに切り替えられます。

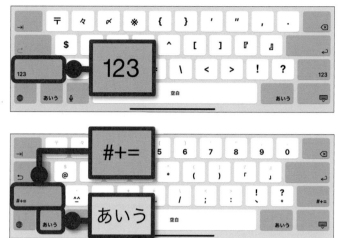

キーに小さく別の文字が表示されている場合、そのキーを下に引っ張ると、その文字を入力できます。文字の種類を切り替えなくてもよいので、効率的に入力ができます。

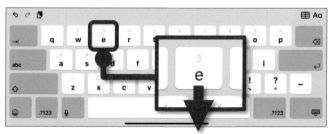
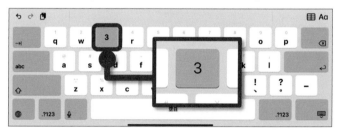

■ ［日本語かな］キーボード

［日本語かな］キーボードは、ひらがなが並ぶキーボードです。🌐 を長押ししてキーボードを切り替えます。

アルファベットを入力するには ABC 、数字を入力するには ☆123 、ひらがなを入力するには あいう のキーをタップして文字の種類を切り替えます。

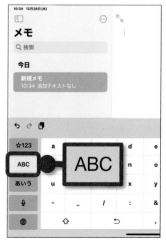

■ ［English（Japan）］キーボード

メールアドレスや英文の入力など、日本語入力がオフの状態で入力する時は、［English（Japan）］キーボードを使います。１文字目は大文字の英字で表示されます。途中で大文字の英字を入力する時は ⬆ を押したままにすると、⬆ になるのでこの状態で文字を入力します。⬆ をタップして ⬆ にすると、小文字の英字が入力できます。

123 #+= ABC のキーをタップすると、数字、記号、アルファベットに切り替えられます。

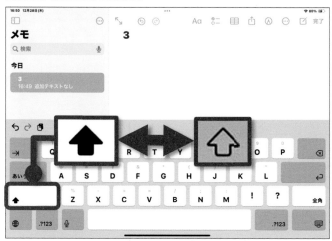

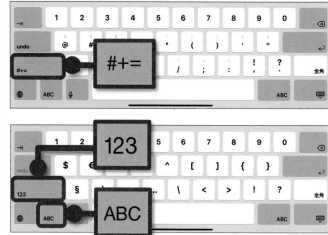

■ ［絵文字］キーボード

［絵文字］キーボードはメールやメッセージなどに使用する絵文字が入力できます。
絵文字は、受け取った相手によっては正確に表示されないことがあります。 ABC または あいう をタップすると元に戻ります。

2　声での入力

キーボードから入力する代わりに音声入力を利用してみましょう。音声入力を利用する時は、日本語の入力できる状態（［日本語かな］キーボードまたは［日本語ローマ字］キーボード）にしておきます。また、インターネットに接続できない場所などでは音声入力を利用することはできません。iPad の音声入力は、ある程度長い文章を話しても上手に変換してくれます。
音声入力する時のポイントは次の通りです。

> ・　［日本語かな］または［日本語ローマ字］のキーボードの状態にします。
> ・　声を張り上げなくても、また極端にゆっくり話さなくても大丈夫です。
> 　　日常の会話をする時のように普通の声の大きさとスピードで話しかけましょう。
> ・　マイクをタップしたら、すぐに話しかけましょう。
> ・　入力が終わったら、マイクをタップして音声入力を終了します。

① 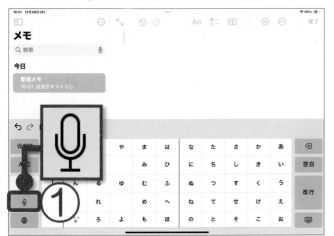 をタップします。
② ［音声入力を有効にしますか？］と表示されたら［音声入力を有効にする］をタップします。［Siri と音声入力の改善］と表示されたら［今はしない］をタップします。

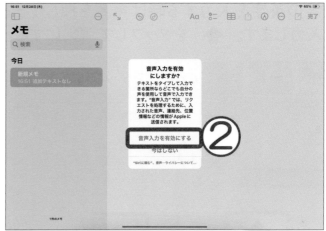

③ 画面に が表示されます。すぐに iPad に「音声入力の練習」と話しかけます。
④ 話しかけた言葉が入力されます。キーボードの をタップして音声入力を終了します。

音声入力の練習

⑤ 話した通りに入力されたことを確認したらキーボードの［改行］をタップします。

⑥ もう一度 をタップします。

⑦ 画面に が表示されます。すぐに「iPad の音声入力を練習しています　まる　話した通りに入力されていく様子が面白いです　まる」と話しかけます。

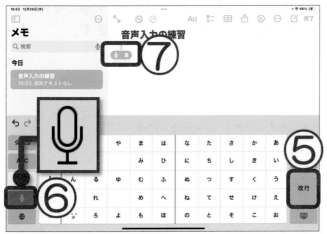

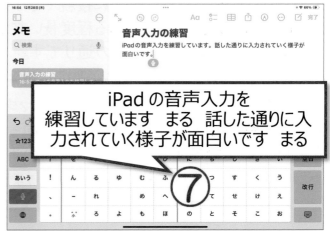

iPad の音声入力を
練習しています　まる　話した通りに入
力されていく様子が面白いです　まる

⑧ 話しかけた言葉が入力されます。キーボードの 🎤 をタップして音声入力を終了します。
⑨ メモの1行目に入力したものが、メモのタイトルとして表示されます。

 練 習 次の内容を音声入力してみましょう。

新規メモを開き、「、」は「てん」、「。」は「まる」と言って入力します。改行したい時は「かいぎょう」と言います。

1 「大野さんこんにちは、増田です。」
2 「先日、相葉さんと素敵な映画を見ました。」
3 「二宮さんが好きなお寿司屋さんで出前を5人前注文。」
4 「自治会費1200円を集金するよう、松本会長より連絡がありました。」
5 「年始は夫婦だけでゆっくりと過ごし、料亭桜井のおせちを楽しむことにします。」
6 「昔々あるところにおじいさんとおばあさんがおりました。おじいさんは山へ芝刈りに、おばあさんは川へ洗濯に行きました。」
7 「いつも大変お世話になっております、増田です。先日はありがとうございました。またお目にかかるのを楽しみにしています。」

ワンポイント 入力した文字を訂正するには

入力した文字の一部分を削除するには、消したい文字の後ろに、文字入力のための縦棒（カーソル）を移動します。⌫ をタップするたびに1文字ずつ削除されます。
削除したい文字のそばをタップすると、その場所に縦棒が移動します。また、削除したい文字のそばを少し長めに触れると文字が拡大表示されます。そのまま指を離さないように動かして目的の場所に縦棒を移動できます。
文字は縦棒のある場所に入力されます。⌫ をタップして文字を削除し、新しく文字を入力しなおします。

入力を確定した文字を訂正したい時は、入力し直さず再変換してみましょう。
対象となる文字を素早く2回タップすると、単語単位で選択できます。

① 変換し直したい単語を素早く2回タップします。単語単位で選択されます。
② 上手に選択できない場合は、前後の ● を動かして選択します。
③ キーボードの上に別の変換候補が表示されます。変換候補をタップすると、その変換候補
　 で確定されます。

3 ［日本語かな］キーボードを使った文字の入力

ひらがなの表示される［日本語かな］キーボードを使って、文字を入力してみましょう。
文字を入力したら、キーボードの上に表示される変換候補をよく見てみましょう。

① メモの何も書いていない部分をタップし、［日本語かな］キーボードの状態で「あらしやま」
　 と入力します。入力を間違えた時は ⌫ をタップすると、文字を削除できます。

② キーボードの［確定］をタップします。文字が確定されます。
③ キーボードの［空白］をタップします。1文字分の空白が挿入されます。

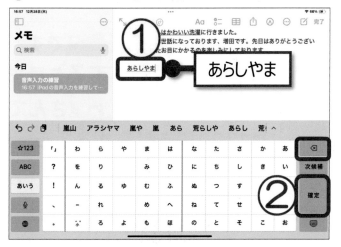

④「ごにんぐみ」と入力します。
⑤ キーボードの上に表示される変換候補の中から「五人組」をタップします。
⑥ 文字が確定されます。

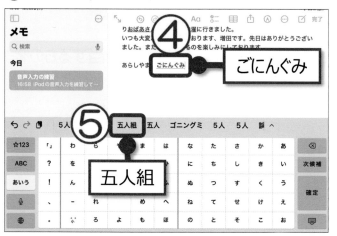

「ゃゅょ」などの拗音、促音の「っ」、「がぎぐげご」などの濁音、「ぱぴぷぺぽ」などの半濁音を入力したい場合は、該当するキーを長めに押し、候補となる文字が表示されたらタップします。

▼「つ」を長押しした状態
「っ」「づ」が表示されます。

▼「ふ」を長押しした状態
「ぶ」「ぷ」が表示されます。

▼「ゆ」を長押しした状態
「ゅ」が表示されます。

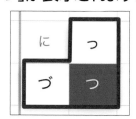

該当する文字を押した後で ［小゛゜］ を押しても、拗音、促音、濁音、半濁音を入力することができます。

「つ」 ➡ ［小゛゜］ ➡ 「っ」 ➡ ［小゛゜］ ➡ 「づ」
「は」 ➡ ［小゛゜］ ➡ 「ば」 ➡ ［小゛゜］ ➡ 「ぱ」

4 変換候補を使った入力

人名などの何通りもの書き方があるものは、変換候補の中から該当するものを選ぶことができます。カタカナに変換したい時も、まず入力してから表示された変換候補の中から選択します。

学習機能により、よく入力するものは選択肢の最初に表示されるようになります。予測入力を使えば文字入力が楽になります。また、一度入力したものは変換候補に表示されるようになっています。漢字・ひらがな・カタカナ・英語などが混じった文章の入力でも、毎回文字の種類を切り替えずに、キーボードの上に表示される変換候補から選択することができます。

文字を入力する時は、利用できるものがないかどうか、キーボードの上をよく確認してみましょう。

① 「さとこ」と入力します。

② 変換候補は ∧ をタップすると、さらに表示されます。変換候補の中から該当するものをタップすると、入力できます。

③ ∨ をタップして変換候補の表示を閉じます。

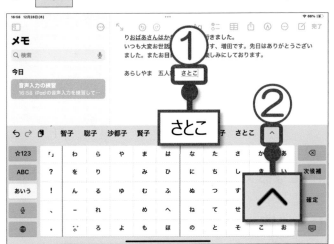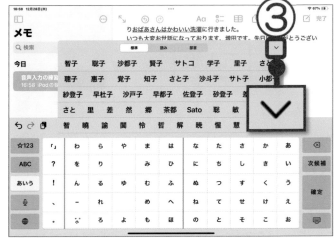

④ 自分の名前を何度か入力すると、最初の何文字かを入力すれば、変換候補の中に表示されるようになります。変換候補の中から該当するものをタップします。

⑤ 「こんさーと」とひらがなで入力すると、変換候補にカタカナが表示されます。変換候補の中から該当するものをタップします。

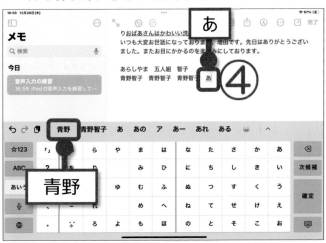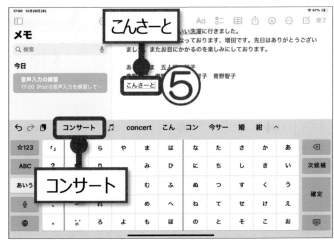

⑥ 英単語も、変換候補がある場合には、その中から選択できます。

⑦ すべて入力しなくても、変換候補の中に表示されれば、該当するものをタップして入力できます。

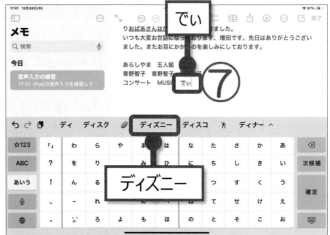

⑧ 数字を入力する時は ABC や ☆123 をタップして文字の種類を切り替えます。3 桁や 4 桁の数字を入力すると、時刻、日付、漢数字などの変換候補が表示されます。 ∧ をタップすると、ほかの変換候補が表示されます。

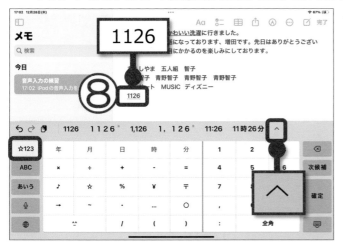

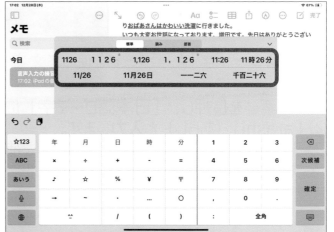

> このような自動修正、予測入力を使えば、**数回タップするだけで文字入力を楽に済ませる**ことができます。また、一度入力したものは変換候補に表示されるようになっているため、漢字・ひらがな・カタカナ・英語などが混じった文章の入力でも、毎回文字の種類を切り替えずに、キーボードの上に表示される**変換候補から選択**することで文字入力が簡単になります。

 **ワンポイント** かぎかっこや句読点、数字を入力するには

かぎかっこはキーボードの 「」 をタップします。閉じかっこは 「」 を長押しして、指を右に滑らせて入力します。

句読点は 、 。 をタップします。

 **練 習** 次の文字を入力してみましょう。

かぎかっこ以外のかっこは、「 」を入力すると、変換候補として表示されます。
!、?は句読点のキーに触れていると表示されます。
「1月1日」は「11」、「10:30」は「1030」と入力します。
「★」は「ほし」、「♪」「♫」は「おんぷ」と入力します。

1 「今日は何時に帰りますか?」「夜の12時過ぎると思います!」「本当ですか!?」
2 3月20日(水)はホームにいる叔父夫婦とリモート面会する予定です。
3 10時半に京都に到着。11時50分にウェスティンホテルでミーティングです。
4 サンセットクルーズとディナーショーがパックになったツアーで68,980円です。
5 ルーブル美術館で行われたファッションショーのモデルはGoodでした。
6 Apple社の製品では、iPad、iPhone、AirPods(イヤフォン)を持っています。
7 京都の祇園祭「山鉾巡行」は9:00に出発です。★時間厳守★です。
8 彼の誕生日は11月26日で、今年で≪43歳≫になりますよ♪

5 　［日本語ローマ字］キーボードを使った文字の入力

［日本語ローマ字］キーボードを使って文字を入力してみましょう。

① 🌐 を長押し、［日本語ローマ字］に切り替えます。
② 「arashi」(あらし)と入力します。
③ 入力するたびにキーボードの上に変換候補が表示されます。変換候補の中から「嵐」をタップします。文字が確定されます。

 **ワンポイント** **かぎかっこや句読点を入力するには**

「 」や( )を入力する時は該当する「k」、「l」、「h」、「j」のキーを下に引っ張ります。
!、?は ⇧ を押しながら入力します。

44

レッスン 2　Web ページで情報検索

いつでも、どこでも、調べたい時にインターネットが使えるのはとても便利です。iPad はいつも手元にあるので、知りたいこと、調べたいことがあれば思い立った時にすぐ検索ができます。キーワードを入力して情報を調べてみましょう。

1　Web ページの検索

iPad の Web ページの入口は Safari（サファリ）です。［検索］ボックスに調べたいキーワードを入力して Web ページを検索します。ここでは「パソコムプラザ」というキーワードを使って Web ページ（筆者の教室）を検索してみましょう。

> ・ 検索結果が表示されたら、店舗などの場合は「ウェブサイト」「公式」などの文字をタップするか、青色の文字をタップして、Web ページを閲覧します。
> ・ 検索結果の上部には広告が表示されることが多いので、画面を動かして目的の Web ページを見つけます。

① ホーム画面の 　　　［Safari］をタップします。
② 日本語が入力できる状態で、画面上の［検索／Web サイト名入力］という欄をタップします。キーボードが表示されます。

③「ぱそこむぷらざ」と入力し、表示された「パソコムプラザ」をタップします。
④ キーボードの［開く］をタップします。

⑤ 検索結果が表示されます。「パソコムプラザ」という青色の文字をタップします。Web ページが表示されます。

⑥ □ をタップし、サイドバーを非表示にします。画面が広く使えます。

2　Web ページの見方

表示された Web ページにはさまざまな情報が掲載されていますが、iPad の画面では Web ページのすべてが見えていないこともあります。画面を上方向に動かしたり、拡大したりしながら、Web ページを見てみましょう。

地図などが表示される Web ページを閲覧しようとした場合、メッセージが表示されることがあります。その場合は、[アプリの使用中は許可]［許可］［OK］などをタップします。

① 画面を上に動かすと、表示されていない部分の内容を見ることができます。
② 読みたい見出しやメニューをタップします。その Web ページが表示されます。
③ 前の Web ページに戻りたい時は ［ < ］ 、進みたい時は ［ > ］ をタップします。

　　ボタンが表示されない時は、画面を少し下に動かすと表示されます。
④ 指で広げると、拡大して読めます（拡大できないページもあります）。

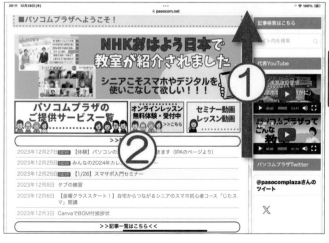

3 音声検索で Web ページを表示

[検索]ボックスに表示されるマイクを使って、音声検索で情報を探してみましょう。
[検索]ボックスにキーワードが入力されると、すぐに検索結果が表示されます。

① 画面上の［検索］ボックスをタップし、 ✖ をタップして入力されている文字を削除します。

② ［検索］ボックスの 🎤 をタップし、「東京のパフェ」と話しかけます。

③ 文字が入力され、検索結果が表示されます。見たい検索結果の文字をタップします。

練習 次のキーワードを入力して Web ページを検索してみましょう。

キーボードからの入力、また音声入力も試してみましょう。[検索]ボックスにある文字は、
 をタップして削除します。

1 豆腐レシピ	2 しょうがレシピ	3 京都三大祭り
4 京都の喫茶店	5 お菓子の手土産	6 お取り寄せ
7 365日の花言葉	8 日本の名旅館	9 世界の名ホテル
10 エカテリーナ宮殿	11 世界遺産	12 日本の世界遺産
13 日本の文化遺産の一覧	14 東京から軽井沢	15 世界で一番大きな橋
16 瀬戸大橋の長さ	17 日本の美しい夜景	18 世界の美しい景色
19 価格ドットコム	20 紅白歌合戦	21 2023年ヒット曲
22 1989年の出来事	23 帯の結び方	24 飾り寿司の作り方

---

4 URL を入力して Web ページを表示

Web ページには1つ1つ、住所に当たる URL（ユーアールエル）というものがあります。現在では名刺や印刷物、チラシ、商品のパッケージなどさまざまなものに URL が印刷されています。キーワードで検索するのと違って、URL を正確に入力すれば、その Web ページを直接表示させることができます。なお、「http://」や「https://」の入力は省略できます。

URL には漢字やひらがなは使われていないので、日本語入力はオフの状態で、アルファベットや数字のキーボードを使います。ここでは、「masudayuki.com」と入力して表示される Web ページ（筆者のブログ「グーなキモチ！」）を見てみましょう。

① 画面上の［検索］ボックスをタップし、 ⊗ をタップして入力されている文字を削除します。
② 🌐 を長押しし、［English（Japan）］をタップします。
③ ［検索］ボックスをタップし、「masudayuki.com」と入力します。
④ キーボードの ⏎ をタップします。
⑤ 該当する Web ページ（グーなキモチ！）が表示されます。

レッスン 3　　Safari の便利な機能

インターネットは情報の宝庫です。閲覧した Web ページをまたすぐに読めるようにお気に入りに追加したり、見やすく文字を大きくしたり、よく見るページをホーム画面に追加したりして、便利に Safari を使ってみましょう。

1　お気に入りへ追加

後でゆっくり見たい Web ページ、よく見る Web ページなどがあったら、その都度検索していては面倒です。気に入った Web ページは、本にしおりをはさむ感覚で登録しておくことができます。Web ページを登録しておける場所は、お気に入りとブックマークの2つから選択できます。初期設定では［お気に入り］になっています。
Web ページをお気に入りに登録する時は、検索結果の一覧ではなく、該当する Web ページを画面に開いてから ⬆ をタップします。

① お気に入りに追加したい Web ページを開き、画面上の ⬆ をタップします。
② ［お気に入りに追加］をタップします。
③ お気に入りに追加される時の名前を確認し、［保存］をタップします。

④ 同様にしていくつかの Web ページを ［お気に入り］ に追加します。
例）・お住まいの市町村の Web ページ
　　・かかりつけの病院の Web ページ
　　・お気に入りのお店の Web ページ
　　・ご家族の会社や学校などの Web ページ

⑤  をタップしてサイドバーを表示し、［ブックマーク］ をタップします。

⑥ ［お気に入り］ をタップします。

⑦ ［お気に入り］ に追加した Web ページが確認できます。見たい Web ページをタップする
　 と、該当する Web ページが表示されます。

⑧ をタップするとサイドバーが非表示になり、Web ページを大きく表示できます。

2 追加した Web ページの削除

［お気に入り］に追加した Web ページは次の手順で削除することができます。

① ⊞ をタップし、サイドバーを表示します。お気に入りが表示されます。表示されていない時は、［ブックマーク］をタップし、［お気に入り］をタップします。
② ［お気に入り］の一覧が表示されている状態で、削除したい Web ページのタイトルを左に動かし、［削除］をタップします。
③ ⊞ をタップし、サイドバーを非表示にします。

ワンポイント ブックマークとお気に入りの違い

後からまた見たい Web ページは［ブックマーク］と［お気に入り］に追加できます。
［ブックマーク］という大きな分類の中に［お気に入り］があると思ってください。
［お気に入り］に追加した Web ページは［検索］ボックスをタップすると、すぐその下に表示されるので素早く目的のページを見ることができます。
Web ページを追加する時は、［ブックマーク］か［お気に入り］のどちらに保存するのか確認してから［保存］をタップするようにしましょう。

［ブックマーク］の中に
［お気に入り］があります。

［お気に入り］に追加した Web
ページは、［検索］ボックスをタップすると、その下に表示されます。

3 Web ページの文字サイズの変更

画面を指で広げれば画面全体を大きくすることができますが、文字サイズを変更するメニューを使えば、文字の大きさだけを変更することができます。
文字の小さな Web ページや、大きく読みたい Web ページがあったら試してみるとよいでしょう。

▼画面全体を拡大した場合

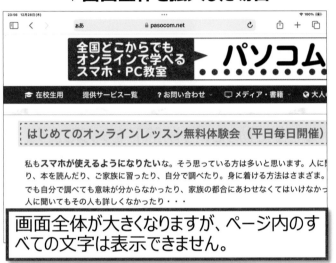

画面全体が大きくなりますが、ページ内のすべての文字は表示できません。

▼文字だけを大きくした場合

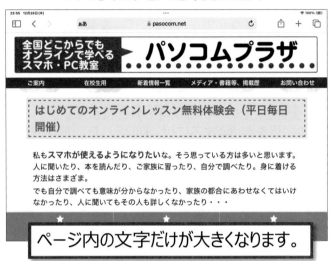

ページ内の文字だけが大きくなります。

① 画面上の［ぁあ］をタップします。メニューが表示されます。
② 右の［あ］をタップしていくと、パーセントの数字が大きくなり、文字が大きくなります。

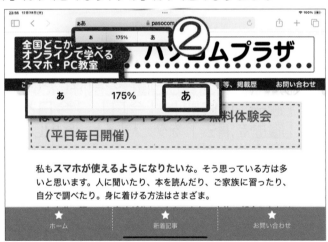

③ パーセントの数字をタップすると、一度で100%の表示に戻ります。

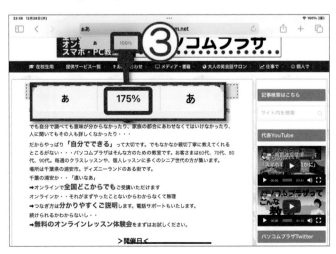

51

4 Web ページの履歴の利用

閲覧した Web ページは履歴として残っています。検索したページを保存し忘れた場合、最初から探すのは大変ですが、履歴を使えばそのページを簡単に見つけることができます。履歴を残しておきたくない場合は、特定のページを削除したり、一定期間内の履歴を一度に削除したりできます。

①  をタップし、サイドバーを表示します。
② ［履歴］が表示されるまで［＜戻る］をタップします。
③ ［履歴］をタップします。
④ 今まで見た Web ページの履歴が表示されます。［履歴］の中から見たいページをタップすると、そのページが表示されます。
⑤ 履歴を削除するには、削除したい履歴のタイトルを左に動かし、［削除］をタップします。

⑥ 一定期間に閲覧した履歴を削除したい場合は、［消去］をタップします。
⑦ ［過去 1 時間］［今日］［今日と昨日］［すべての履歴］のいずれかをタップし、［履歴を消去］をタップすると、選択した期間に閲覧した履歴を削除できます。
⑧ 履歴の消去が終わったら［×］をタップします。
⑨ 履歴を見終わったら［＜Safari］をタップします。
⑩  をタップし、サイドバーを非表示にします。

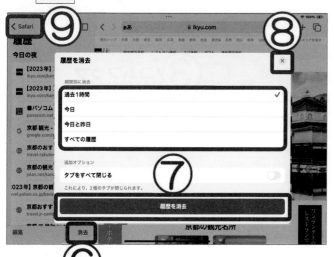

5 ホーム画面への Web ページの追加と削除

頻繁に見る Web ページは、お気に入りから表示するだけでなく、ホーム画面にアイコンとして追加しておくことができます。ホーム画面に追加したアイコンをタップするだけで、すぐにその Web ページを表示することができるので、とても便利です。

① ホーム画面に追加したい Web ページを表示し（ここでは筆者の教室「パソコムプラザ」を表示しています）、⬆️ をタップします。

② 画面を上に動かし［ホーム画面に追加］をタップします。

③ ［ホーム画面に追加］の画面が表示されたら、Web ページの名前を確認し、［追加］をタップします。

④ 自動的にホーム画面に切り替わります。ホーム画面に Web ページのアイコンが追加されています。アイコンをタップすると、Web ページが表示されます。

⑤ 同様にして、いくつかの Web ページをホーム画面に追加します。

⑥ ホーム画面から削除したいアイコンに長めに触れます。

⑦ ［ブックマークを削除］をタップします。

⑧ ブックマーク削除のメッセージが表示されたら［削除］をタップします。アイコンが削除されます。

6 複数のWebページを閉じる

Webページを次から次へと開いていると、知らない間に重なって表示されていることがあります。例えば検索したWebページの中にあるタイトルをタップし、別のページを表示した後に、[<]をタップして戻ろうとしても戻れなくなっていることがあります。このような時は、画面右上にあるボタンを使って、探しているページが後ろに隠れていないかどうか確認できます。また、開いたままになっている複数のWebページは、1つずつ閉じることも、一度に閉じることもできます。ページを見終わるたびに閉じる必要はありませんが、多くのページを開いてしまっている時は、次のようにして閉じておくとよいでしょう。

① 画面の右上にある　　　　をタップします。
② 重なって開いたままになっているWebページが縮小表示されます。タップしたWebページは大きく表示することができます。
③ 縮小表示されたWebページの右上の［×］をタップすると、開いているWebページを1つずつ閉じることができます。
④ ［完了］をタップし、元の画面に戻ります。

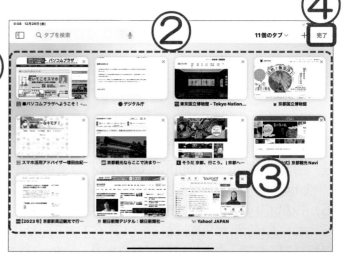

ワンポイント　複数のタブを一度にすべて閉じるには

画面右上にある　　　　を長く押し、[XX 個のタブをすべて閉じる]をタップすると、開いたままになっているWebページを一度にすべて閉じることができます。
[開いているタブをすべて閉じてもよろしいですか？]と表示されたら[XX 個のタブをすべて閉じる]をタップします。
[自動的にタブを閉じますか？]と表示されたら、[自動的に閉じない]をタップします。

第3章
連絡先、メール、メッセージ、ビデオ通話を使おう

レッスン1　連絡先の使い方

連絡先には、電話番号やメールアドレスだけでなく、住所や誕生日なども追加できます。用意された項目名（ラベル）以外のものを選ぶこともできます。

1　連絡先の新規追加

連絡先を作成してみましょう。

① ホーム画面の  ［連絡先］をタップします。［あなたの名前と写真を友達と共有］と表示されたら［あとで"設定"でセットアップ］をタップします。
② ［連絡先］の［＋］をタップします。

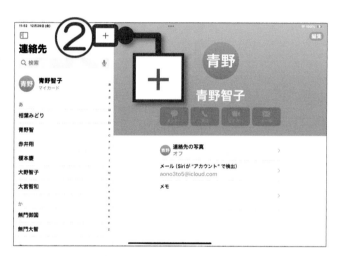

③ ［姓］［名］をタップし、名前を入力します。フリガナが自動的に入力されます。フリガナが違っている時は、タップして修正します。
④ 画面を上に動かし、［＋電話を追加］をタップします。
⑤ 項目名が［携帯電話］に変わります。電話番号を入力します。

⑥ もう一度［＋電話を追加］をタップします。項目名が［自宅］に変わります。自宅の固定電話の番号などを入力します。

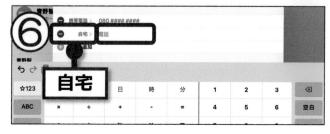

⑦ ［＋電話を追加］をタップすると項目が増えます。項目を増やしすぎた場合、削除する項目の ━ をタップして［削除］をタップします。

⑧ ［＋メールを追加］をタップすると［自宅］に変わります。キーボードを切り替えてメールアドレスを入力します。

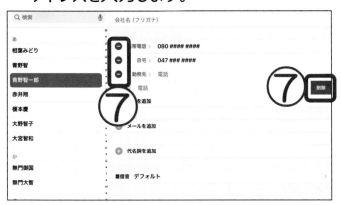 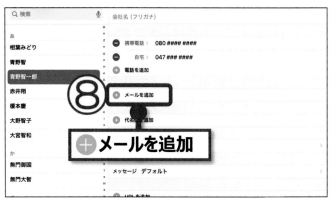

⑨ 画面を上に動かし、［＋住所を追加］をタップすると［自宅］に変わります。
⑩ キーボードを切り替えて住所を入力します。
⑪ ［完了］をタップします。

 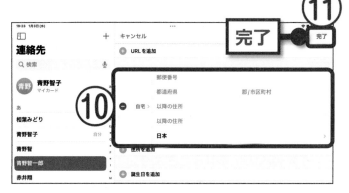

2　連絡先でできること

iPad の［連絡先］でできることの一例です。連絡先に登録した情報をタップすると、関連のあるアプリを開くことができます。

① メッセージ
携帯電話番号でメッセージのやり取りができます。また、Apple ID 同士でもメッセージのやり取りができます。

② FaceTime
Apple ID 同士で無料の通話ができます。

③ FaceTime
Apple ID 同士で無料のビデオ通話ができます。

④ メール
メールアドレスがあれば、メールの送受信ができます。

⑤ 自宅
住所をタップすると地図が表示されます。

57

3 連絡先の編集

電話番号や住所が変わった、追加したい情報がある、などの場合は、登録した連絡先を編集することができます（ここでは自分の情報を編集しています）。

① ［連絡先］の自分の名前をタップします。
② ［編集］をタップします。
③ ［電話を追加］［メールを追加］［住所を追加］［誕生日を追加］など、編集したい項目をタップして必要な情報を入力します。

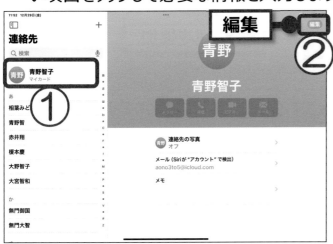
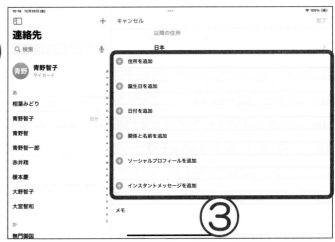

④ 日付は表示された年月日を上下に動かして設定します。
⑤ ［メモ］には自由に情報を入力することができます。項目にないものや、覚えておきたいことを書くのに利用できます。
⑥ 連絡先の編集を終了したら［完了］をタップします。

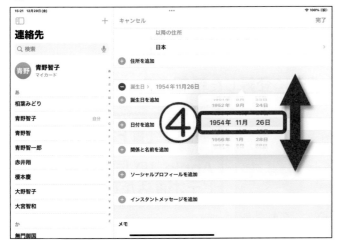
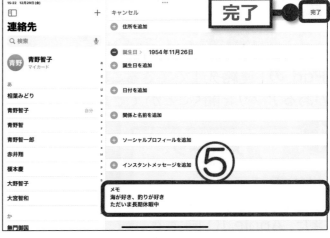

![だるま] **ワンポイント** 連絡先をあいうえお順に並べるには

フリガナがない連絡先は、あいうえお順には並ばずに、一番下の「#」の項目に表示されます。
あいうえお順に並べたい場合は、［編集］をタップして編集画面を表示し、フリガナを入力します。

58

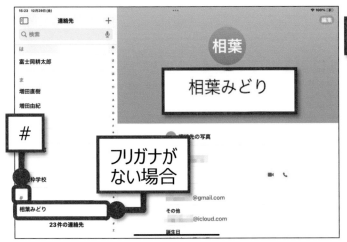

フリガナがない場合

フリガナがある場合

フリガナのない連絡先が多かった場合、すべてにフリガナを追加するには時間がかかることもあります。

あいうえお順に並べなくても、連絡先の上にある［検索］ボックスに名前の一部を入力すれば、いつでも連絡先を検索できます。検索が終わったら［キャンセル］をタップしておきます。

一致したものが検索されます。タップすると連絡先が表示されます。

4　連絡先の削除

必要がなくなった連絡先はいつでも削除できます。

① 削除したい連絡先をタップし、［編集］をタップします。
② 画面を上に動かし、一番下にある［連絡先を削除］をタップします。
③ もう一度［連絡先を削除］をタップします。

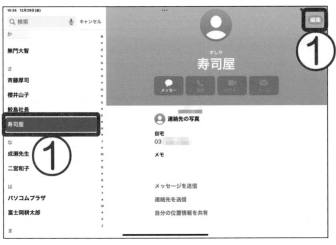

59

レッスン２　メールの送受信

［メール］は相手がメールアドレスを持っていれば、誰にでも送ることができます。文字数の制限がないので長文を書くことができます。

1　メールの画面の確認

ホーム画面の 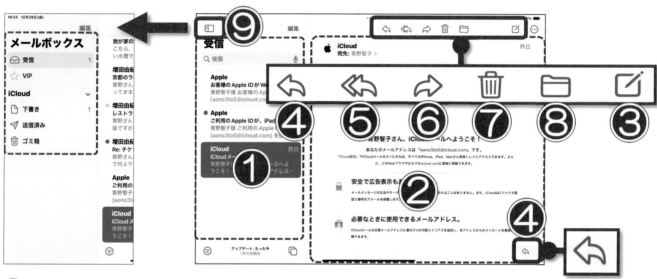［メール］をタップして、メールの画面を確認しましょう。［"メール"の新機能］と表示されたら［続ける］、メールプライバシー保護の画面が表示されたら、［"メール"でのアクティビティを保護］をタップして、［続ける］をタップします。［"メール"は通知を送信します］と表示されたら［許可］をタップします。

① 受信メールの一覧です。未読のメールには●が表示されます。読みたいメールをタップすると、メールの本文が表示されます。

② 受信メールの一覧から選んだメールの本文が表示されます。

③ ［新規メッセージ］：タップすると、メールを新しく作成できます。

④ ［返信］：メールの差出人に返信することができます。

⑤ ［全員に返信］：メールの差出人と、そのメールを受け取った全員に返信できます。

⑥ ［転送］：そのメールをほかの人に再送信できます。

⑦ ［ゴミ箱］：メールを選択して ［ゴミ箱アイコン］ をタップすると、削除できます。

⑧ ［フォルダ］：メールを選択して ［フォルダアイコン］ をタップすると、フォルダに移動できます。

⑨ ［メールボックスアイコン］ をタップすると、［メールボックス］が確認できます。
　　※ここに表示されていなくても、その操作をすると表示されるようになります。
　　・［受信］をタップすると、受信メールの一覧になります。
　　・［下書き］をタップすると、書きかけてまだ送信していないメールが確認できます。
　　・［送信済み］をタップすると、自分が送信したメールを確認できます。
　　・［ゴミ箱］をタップすると、削除したメールを確認できます。

2 メールを送る

メールの画面を確認したら、メールを書いて送ってみましょう。メールには「宛先」と「件名」が必要です。宛先は直接メールアドレスを入力するほか、連絡先から選ぶことができます。

①  をタップします。
② ［新規メッセージ］の画面が表示されます。［宛先］を入力します。 ⊕ をタップすると、連絡先から選択できます。

③ 表示された連絡先からメールを送りたい相手をタップします。
④ メールアドレスが複数ある相手の場合、送りたいメールアドレスをタップします。

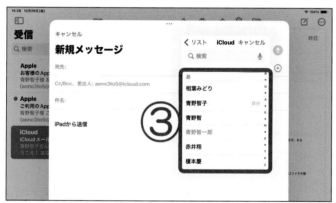

⑤ ［宛先］に選択した相手が表示されます。
⑥ ［件名］にメールの件名を入力します。
⑦ 件名の下をタップして本文を入力します。自動的に［iPad から送信］という署名が挿入されます。
⑧ ↑ をタップして、メールを送信します。

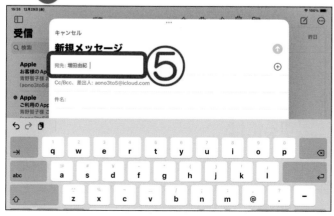
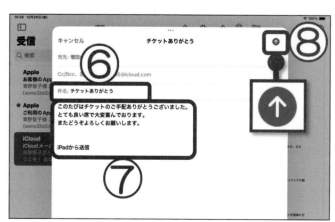

3 書きかけのメールの保存

メールを書きかけて途中で終わる時は、[下書き]に保存しておくことができます。また、書きかけてどこに保存されたかわからなくなったメールも、自動的に[下書き]に保存されていることがあります。[下書き]に保存してあれば、いつでも作業を再開することができます。

① 書きかけのメールの［キャンセル］をタップします。
② ［下書きを削除］［下書きを保存］と表示されます。［下書きを保存］をタップすると、メールボックスの［下書き］に保存されます。

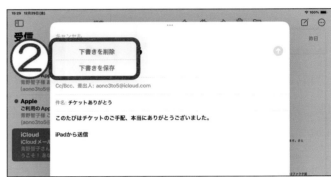

③  をタップします。
④ ［下書き］をタップします。表示されていない時は iCloud ∨ をタップします。
⑤ ［下書き］に保存されたメールをタップします。本文などの続きを入力できます。

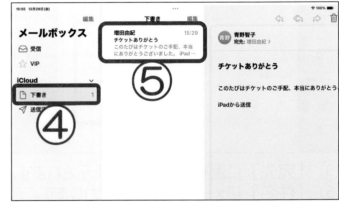

⑥ 下書きを確認したら、 をタップします。
　［受信］をタップし受信メールの一覧に戻ります。

ワンポイント　送信したメールを確認するには

送信メールも、メールボックスで確認できます。ただし、「いつ送信したか」ということが確認できるだけで、「送信済み」となっていても必ず相手が受信しているわけではありません。もし相手に届いていない場合は、メールアドレスなどが間違っていないかどうかを確認します。

4 メールを受け取る

新しいメールがあると、次のように表示されます。
ホーム画面の［メール］の ❶ や受信メールの一覧の ● は未読のメールがあることを表しています。赤色の丸数字は未読メールの数です。これらはメールを読むと非表示になります。

新しいメールがあると、赤色の丸の中に数字が表示されます。

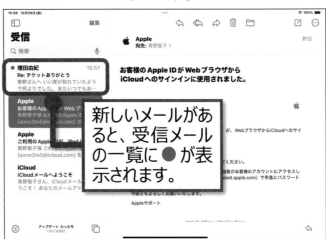

新しいメールがあると、受信メールの一覧に ● が表示されます。

5 メールの返信

返信機能を使えば、メールアドレスの入力をしなくても簡単にメールの返事が書けます。

① 受信したメールの上にある ↩ をタップします。
② ［宛先］［件名］がすでに入力されたメールが表示されます。
　 ［件名］には返信を表す「Re：」が付いています。
③ 本文を書いて ↑ をタップし、メールを送信します。

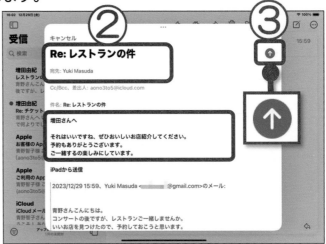

6 写真付きメールを送る

メールには写真や文書などを付けて送ることができます。写真や作成した文書などを添えてメールを送ることを添付といいます。写真のデータサイズが大きいと相手が受け取れない場合がありますが、送信する時に写真のデータサイズを小さく調整できます。

① ✏️ をタップし、新規メッセージを作成します。［宛先］［件名］、メールの本文を入力します。

② 📷 をタップし、［写真ライブラリ］をタップします。

③ 写真が表示されます。画面を動かし、添付する写真をタップします。写真がメールに挿入されます。

④ 添付したい写真を選んだら［×］をタップします。

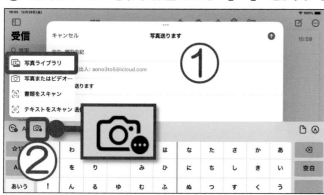

⑤ メール本文中に写真が表示されます。

⑥ 件名の右上に表示される［画像］をタップすると写真のデータサイズが表示されます。［小］［中］［大］［実際のサイズ］の中から、送りたいものをタップします。

⑦ ↑ をタップします。画像が添付され、メールが送信されます。

手順③で複数枚の写真を選べば、同時に送ることができます。
ただし、データサイズの大きな写真をメールに添付すると、送る相手によっては受け取れない場合もあるので、［小］［中］の中から選んで送るようにしましょう。また、動画も写真と同様の手順で、添付して送ることができますが、あまり長すぎる動画は送ることができません。数十秒～1 分程度の動画にしておきましょう。

7 受け取ったメールに添付された写真の保存

写真付きのメールを受け取った場合、メールに ✏ が表示されます。メールを開けばいつでも写真は見られますが、iPad の［写真］に保存しておくこともできます。

① 受信メールの一覧でクリップマークが付いて表示されるものが、添付のあるメールです。
② メールをタップすると、添付された写真が表示されます。表示されない場合はメールをタップしてダウンロードします。
③ 添付された写真を保存したい時は、写真に長めに触れます。
④ ［画像を保存］または［XX 枚の画像を保存］をタップします。添付写真が複数の場合、［XX 枚の画像を保存］をタップすると一度に保存できます。

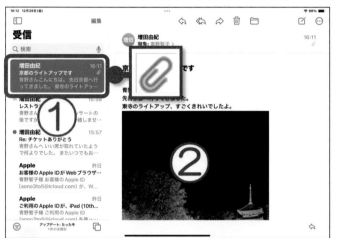 

⑤ 保存した写真は、ホーム画面の **［写真］** をタップすると確認できます。

ワンポイント　メールに添付された動画を見るには

動画付きのメールをタップすると、［タップしてダウンロード］と表示されます。
［ダウンロード中］と表示されたら少し待ちます。ダウンロードが完了した動画をタップすると、動画が再生されます。横向きの動画は iPad を横にすると、大きく見ることができます。見終わったら［完了］をタップします。

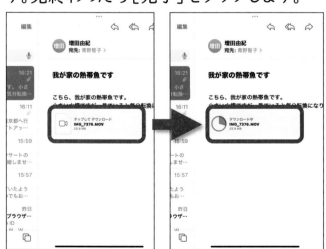 

65

8　メールの転送

メールの文面をそのまま別の誰かに送ることを転送といいます。内容を確認してほしい時、
参考までに見てほしい時、添付されている写真や文書をそのままほかの人に送りたい時
などに利用するとよいでしょう。メールの本文は必要に応じて書き加えられます。

① 受信したメールの □↱ をタップします。
② 写真などが添付されていた場合、添付ファイルを含めるか含めないかのメッセージが表示
　 されたら［含める］をタップします。
③ ［件名］がすでに入力されたメールが表示されます。［件名］には転送を表す
　 「Fwd：」が付いています。
④ メールを転送したい宛先を指定して ↑ をタップし、メールを転送します。

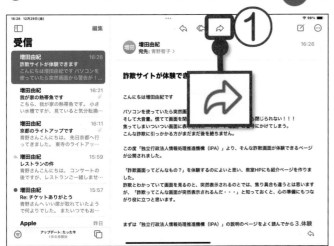
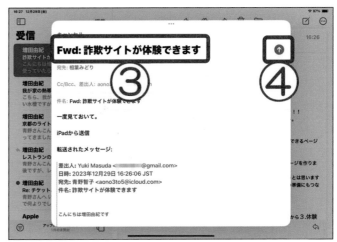

9　［メール］へのメールアドレスの設定

パソコンで使用しているメールアドレスや、無料で取得できる Gmail（ジーメール）や
Yahoo メールなどのフリーメールアドレスも［メール］に設定できます。
メールの設定にはメールアドレスとパスワードが必要です。P131 で作成する Google ア
カウントのメールアドレス（XXX@gmail.com）を設定することもできます。
ここではすでに持っている Gmail（Google アカウント）を iPad に設定する方法を例に
して紹介します。

① ホーム画面の ⚙ ［設定］をタップします。
② 画面を上に動かして、［メール］をタップします。
③ ［アカウント］をタップします。
④ ［アカウントを追加］をタップします。
⑤ 追加したいアカウントの種類をタップします。ここでは［Google］をタップします。

⑥ ［"設定"がサインインのために"google.com"を使用しようとしています。］と表示されたら［続ける］をタップします。

⑦ メールアドレスを入力し、［次へ］をタップします。

⑧ パスワードを入力し、［次へ］をタップします。

⑨ 本人確認の画面で携帯番号を入力し、［送信］をタップします。Google アカウント登録時に入力した携帯電話番号宛に、確認コードが送信されます。

⑩ 携帯電話番号あてに届いた Google 確認コードを入力し、［次へ］をタップします。

⑪ ［iOS が Google アカウントへのアクセスをリクエストしています］と表示されたら、画面を上に動かし［許可］をタップします。

⑫ ［保存］をタップして設定を完了します。

⑬ Google アカウントの設定が終わると、メールアプリに Gmail の［受信］が表示され、自分宛ての Gmail を読むことができます。

レッスン3　メールの便利な機能

iPadに署名を設定しておけば、自分で入力しなくても、毎回メールの最後に自分の名前が表示できます。
また、保存しているメールが増えてきた時には、目印となるフラグを使うと便利です。

1　署名の編集

初期設定では、「iPadから送信」となっている署名に、自分の名前を追加することもできます。
新しいメールを書くたびに、本文内に自分の名前が表示されます。
署名欄は自由に編集できるので、名前だけでなくメールアドレスなどを入力しておくこともできます。

① ホーム画面の ⚙️［設定］をタップします。
② 画面を上に動かして、［メール］をタップします。
③ 画面を上に動かして、［署名］をタップします。
④ ［iPadから送信］の右端をタップし、キーボードの［改行］をタップします。
⑤ 2行目に名前を入力します。

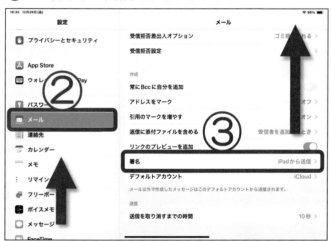

⑥ ホーム画面の ✉️［メール］をタップします。

⑦ ✏️ をタップします。

⑧ ［新規メッセージ］の画面を表示し、署名が変更されていることを確認します。

⑨ ［キャンセル］をタップします。

2 メールのフラグ付け、メールの削除

大事なメールや後で見返したいメールにはフラグ（目印）を付けておくことができます。フラグを付けておけば、探したいメールを簡単に見つけることができます。
また、必要のないメールが多くて煩わしい場合には、メールを簡単に削除できます。

① 受信メールの一覧で、フラグを付けたいメールをゆっくり左に動かし、［フラグ］をタップします。
② 受信メールの一覧のメールに ⚑ が付きます。

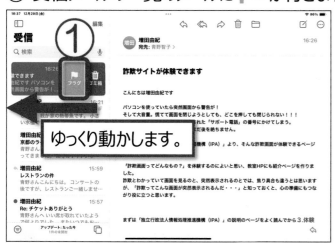 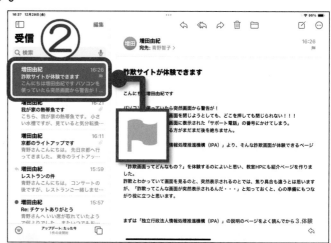

③ 受信メールの一覧で、削除したいメールをゆっくり左に動かし、［ゴミ箱］をタップします。
　メールが削除されます。早く動かすと［ゴミ箱］が表示されず、メールが削除されます。

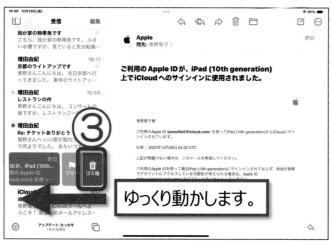

左に早く動かすと、［ゴミ箱］
が表示されずにそのままメールが
削除されてしまうので、気をつけ
ましょう。

🏮 ワンポイント　ゴミ箱からメールを戻すには

間違って［ゴミ箱］に捨ててしまったメールは、次の手順で［受信］に戻すことができます。

①  をタップします。
② ［ゴミ箱］をタップします。
③ 元に戻したいメールをタップし、🗀 をタップします。
④ 移動先のメールボックスとして［受信］をタップします。
⑤ 🗗 ［＜戻る］をタップし、［受信］をタップします。

レッスン4　メッセージの送受信

iMessage では、携帯電話番号などでメッセージをやり取りするほかに、iPad や iPhone などの Apple 製品同士で Apple ID（P21 参照）を使ってメッセージのやり取りができます。文字や写真のほか、動きのある効果を付けて送ることができます。メッセージには、メールのように［件名］を入力したり、［受信］を開いてメールの件名をタップしたりする必要がなく、1 つの画面で会話をしているようにその人とのやり取りを確認できます。

1　メッセージを送る

iMessage を使うと、お互いの文面が吹き出しの中に表示され、会話をしているような感覚で気軽に交流できます。

① ホーム画面の 💬 ［メッセージ］をタップします。［あなたと共有］と表示されたら ［OK］、集中モードの時の設定について聞かれたら［OK］をタップします。

② 📝 をタップします。

③ ⊕ をタップします。

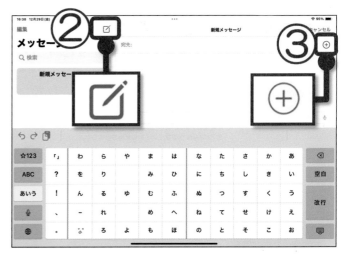

④ 表示された連絡先からメッセージを送りたい相手をタップします。メールアドレスが複数ある場合、Apple ID となっているものをタップします。

⑤ メッセージを送れる場合、宛先の文字は青色、送れない場合は赤色になります。

⑥ メッセージの入力欄をタップし、文面を入力します。キーボードの［改行］をタップすれば、文章を書く欄が広がります。

⑦ ↑ をタップし、メッセージを送信します。［開封証明を送信］と表示されたら［許可］をタップします。

⑧ 自分のメッセージの吹き出しに色が付きます。相手からの返事は吹き出しの中に表示されます。

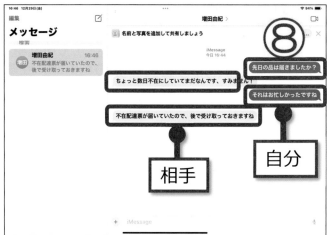

2 メッセージを受け取る

メッセージが届くと通知音がして、ホーム画面の［メッセージ］のアイコンに赤色の丸が表示されます。「開封証明を送信」を許可すると、自分がメッセージを開封したことが相手にもわかるようになっています。新しいメッセージがあると、次のように表示されます。

ホーム画面の［メッセージ］の ❶ やメッセージ一覧の ● は未読のメッセージがあることを表しています。

また、赤色の丸数字は未読メッセージの数です。これらはメッセージを読むと非表示になります。

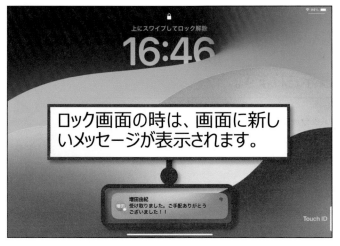

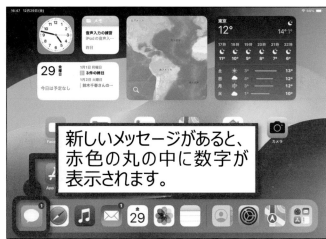

3 写真付きメッセージを送る

宛先に相手の携帯メールアドレスや Apple ID を選択すると、文字だけでなく写真を添付してメッセージを送ることや、手書きのイラストなどを描いてそのまま送ることもできます。ここでは相手の Apple ID を使ってメッセージを送っています。

① メッセージをやり取りした画面で［＋］をタップします。
② ［写真］をタップします。
③ 表示された写真の一覧から送りたいものをタップします。［完了］をタップします。
④ 写真を選択したら ↑ をタップします。写真が送られます。

 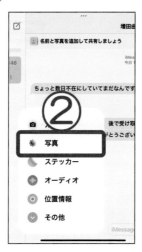 

4 メッセージ送信時の効果の設定

iMessage では、メッセージを送信する時に楽しい効果を選べます。吹き出しの表示効果と画面全体の表示効果があります。特別なメッセージを送る時に利用してみるとよいでしょう。メッセージの効果の設定は、iPad または iPhone 同士でのやり取りで利用できます。

① メッセージを入力したら ↑ を長めに押します。
② ［スラム］［ラウド］［ジェントル］［見えないインク］のメニューが表示されたら指を離してかまいません。次に、［スラム］［ラウド］［ジェントル］［見えないインク］の横にある ● をそれぞれタップすると、効果が表示されます。

 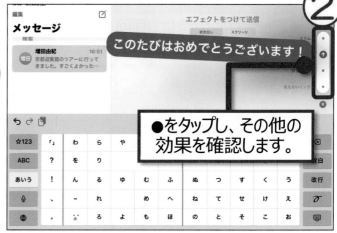

③ ［スクリーン］をタップします。
④ 画面を左右に動かすと、9種類の効果が確認できます。効果音入りのものもあります。
⑤ 効果が決まったら、⬆ をタップしてメッセージを送信します。

 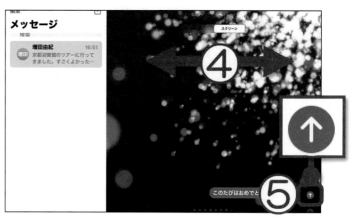

5　アニ文字とミー文字（対応機種のみ）

iPad Pro 11インチ、12.9インチ（第3世代）以降には、顔の表情を読み取ってキャラクターに反映させて相手にメッセージができるアニ文字、自分と似たキャラクターを作成できるミー文字という機能があります。アニ文字やミー文字を作成できるのはiPadの対応機種だけですが、作成したものは対応機種以外のiPadまたはiPhoneに送ることができます。

① メッセージの画面で［＋］をタップします。
② ［ステッカー］をタップします。
③ 🎭 をタップします。
④ 左右に動かし好きなステッカーをタップすると、さまざまな表情のキャラクターが表示されます。好きなものをスタンプ感覚で使えます。
⑤ ［＋］をタップすると、顔のパーツや髪の毛などを選びながら、自分に似せたミー文字が作れます。
⑥ 送りたいステッカーやミー文字をタップし、⬆ をタップするとメッセージが送信されます。

レッスン 5　ビデオ通話の使い方

iPad および iPhone 同士であれば誰でも簡単に無料でビデオ通話 FaceTime（フェイスタイム）が楽しめます。FaceTime は最初から iPad、iPhone に追加されています。カメラもマイクも内蔵されている iPad や iPhone では、ビデオ通話をするのに特別な用意は必要ありません。最大 32 名と一緒にビデオ通話を楽しむことができます。出かけられない時にビデオ通話で親しい人とコミュニケーションしたり、遠くに住んでいる家族や友人と顔を見て話したり、離れた場所からでも集まりに参加することができます。

1　FaceTime の設定の確認

FaceTime はインターネット回線を利用するビデオ通話なので、1 分いくらのような料金はかかりません。インターネットにつながっていれば、誰でも無料で通話できます。
FaceTime の設定を確認してみましょう。

① ホーム画面の ⚙ ［設定］をタップします。
② 画面を上に動かして、［FaceTime］をタップします。
③ ［FaceTime］がオフになっていたら ⬜ オフをタップして 🔵 オンにします。
④ ［Apple ID サインイン］が表示されたら Apple ID とパスワードを入力し、［サイン イン］をタップします。

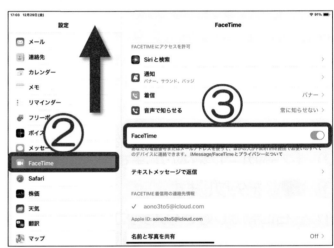

2　ビデオ通話をかける

FaceTime ができる相手には連絡先に 📹 が表示され、タップするだけですぐにビデオ通話の画面に切り替わります。
iPad 同士だけでなく、Apple ID を持っている相手であれば、iPad と iPhone 間でも FaceTime を楽しむことができます。iPad または iPhone を持っている人とは Apple ID を交換しておくとよいでしょう。FaceTime が使えるのは、次の端末です。

- ・ iPhone（2010 年発売の iPhone 4 以降）
- ・ iPad（2011 年発売の iPad 2 以降）および iPad mini
- ・ iPod touch（2010 年発売の第 4 世代以降）

気軽にビデオ通話が使えれば、離れたところに暮らす家族の様子を身近に感じることができます。もし相手の連絡先に FaceTime という項目がない場合は、FaceTime の設定をまだしていないか、利用できない相手ということになります。

また、iPad を持っている人が招待すれば、パソコンや Android スマホの人とも FaceTime
ができます。

① ホーム画面の  [FaceTime] をタップします。［センターフレーム］と表示されたら
　　［続ける］をタップします。
② ［新規 FaceTime］をタップします。

③ ［＋］をタップすると［連絡先］が表示されます。
④ 連絡先の中から FaceTime をしたい相手をタップします。
⑤ ビデオ通話ができる相手なら、[FaceTime] と表示されます。[FaceTime] をタップすると
　　発信されます。

⑥ 相手がビデオ通話に応答すると、相手が見えビデオ通話ができます。
⑦ ❌ をタップすると、ビデオ通話が終了します。

小さい映像は好きなと
ころへ移動できます。

[📷] をタップするとカメラが
切り替わります。周囲の様
子を相手に見せられます。

⑧ FaceTime した履歴が残るので、2回目以降は画面に表示される連絡先をタップして FaceTime を開始することができます。

3　ビデオ通話を受ける

ビデオ通話がかかってきた場合、応答をタップして通話しますが、取り込み中で出られない時などは、メッセージを送っておくことができます。

① ビデオ通話がかかってきたら、ロック画面の時は 📞 ［スライドで応答］を右に動かします。

② ロック画面ではない時は 📹 をタップし、［参加］をタップします。

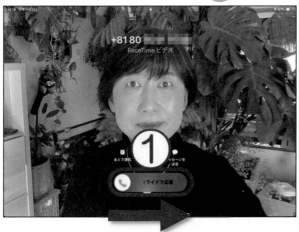

③ ビデオ通話に出られない時は［メッセージを送信］をタップします。
④ 表示された中から適したメッセージをタップします。文例をタップするとそのまま相手に送信されます。［カスタム］をタップすれば、自分でメッセージを作成できます。

第 **4** 章
アプリを追加しよう

レッスン 1　アプリの追加

iPad にはゲームや本、写真加エソフトや楽器などのアプリ（アプリケーション）を購入できる App Store（アップストア）というオンラインショップがあります。アプリケーションは略してアプリといいます。有料・無料のアプリが多数用意されています。

1　アプリの追加とは

最初から iPad にあるアプリでも十分に楽しめますが、アプリを追加すれば「民放ラジオを聴く」「写真を装飾する」「四字熟語のゲームをする」などができる iPad になります。アプリはインターネット上にある iPad のアプリ専門ショップ App Store（アップストア）から追加して使います。App Store には毎日のように新しいアプリが並びます。その中から気に入ったものを自分の iPad で使えるようにアプリを追加することをインストールといいます。

手書きノート、辞書、ゲームや道案内など、App Store には有料・無料の多彩なアプリが揃っています。好きなアプリを追加して自分好みの iPad にできるのも楽しみのひとつです。なお、アプリの追加には P24 で作成した Apple ID が必要になります。

後からオプション機能を追加するような感覚で、好みや目的に応じてアプリを追加して楽しみましょう。まずは無料のものから試してみましょう。

アプリの情報は、雑誌や新聞、テレビなどでもよく取り上げられます。

また実際に利用している人に使い勝手などを聞くのもよいでしょう。追加したアプリはいつでも削除できます。

2　アプリの見つけ方

多数のアプリから好みのものを見つけるには、おすすめアプリが毎日見つかる［Today］を見るほか、キーワードを入力して検索します。

① ホーム画面の ![App Store] ［App Store］をタップします。［ようこそ App Store へ］と表示されたら［続ける］をタップします。
② ［"App Store"におおよその位置情報の使用を許可しますか？］と表示されたら［アプリの使用中は許可］をタップします。
③ ［パーソナライズされた広告］と表示されたら［パーソナライズされた広告をオンにする］をタップします。

④ ［Today］には、その日のおすすめアプリやゲームが表示されます。画面を上下に動かして、ほかのアプリを表示することができます。

⑤ ［ゲーム］をタップすると、ゲームアプリだけを紹介した画面が表示されます。画面を上下左右に動かすと、ほかのゲームアプリやランキングなどが紹介されています。

⑥ ［アプリ］をタップすると、ゲーム以外のアプリの紹介が表示されます。
画面を上下に動かすと、［定番のアプリ］［無料アプリランキング］［みんなのお気に入り］などが表示されます。

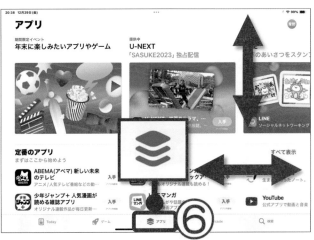

⑦ ［Arcade］（アーケード）は月々の定額料金を支払って、ゲームの新作を楽しむことができるメニューです。説明が表示されたら［今はしない］をタップします。

⑧ ［検索］をタップすると、画面上に［検索］ボックスが表示されます。アプリの名前などでキーワード検索ができます。

3 Touch ID の使い方

トップボタンのある iPad、丸いホームボタンのある iPad は、パスワードの代わりに登録した指紋（Touch ID）が使えます。ボタンに指を乗せるだけでアプリが入手できると、いちいちパスワードを入力する必要がなく、大変便利です。指紋がうまく認識できない時は、Apple ID のパスワード（P26 参照）を入力してアプリを入手します。

① App Store からアプリを探します。
② ［入手］をタップします。
③ ［Touch ID でインストール］と表示されたらトップボタン（またはホームボタン）に指紋を登録した指をのせます。
④ 登録した指紋が認識されたら、✓［完了］と表示されます。

 ワンポイント **顔認証、指紋認証がうまくいかない時は**

登録した顔や指紋がうまく認識されない時は、［インストール］と表示されます。［インストール］をタップし、Apple ID のパスワードを入力して［サインイン］をタップします。

4 Face ID の使い方

アプリの追加には、パスワードの入力が必要です。顔認証のできる iPad の場合、パスワードの代わりに登録した顔（Face ID）が使えます。
登録した顔を見せるだけでアプリが入手できると、いちいちパスワードを入力する必要がなく、大変便利です。顔がうまく認識できない時は、Apple ID のパスワード（P26 参照）を入力してアプリを入手します。

① App Store からアプリを探します。
② ［入手］をタップします。

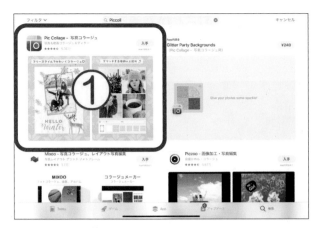

③ ［ボタンで承認］と表示されたら、トップボタンを素早く2回押します。
④ iPadに視線を合わせます。
⑤ 登録した顔が認識されたら、✓［完了］と表示されます。

5 はじめてアプリを追加する手順（Googleマップ）

種類も数も豊富で、新しいアプリも次々と登場するApp Storeから、有料・無料のアプリを探してインストールしてみましょう。無料のアプリは［入手］と表示され、有料のアプリは金額が表示されます。アプリが追加されると［入手］が［開く］に変わり、ホーム画面にそのアプリのアイコンが追加されます。

Google社が無料で提供しているGoogleマップ（グーグルマップ）は、多くの人が利用している地図アプリです。地図ですが、お店の情報を調べたり、乗り換え経路を検索することもできます。ここではアプリを追加する手順を、Googleマップの入手を例に説明します。

① 画面下の 🔍 ［検索］をタップします。
② ［検索］ボックスに「マップ」と入力し、キーボードの［検索］をタップします。
③ 検索結果が表示されます。［Googleマップ］をタップします。

④ アプリに画面を上下左右に動かすと、アプリの評価や詳細を読むことができます。［入手］をタップします。

⑤ ［インストール］をタップします。

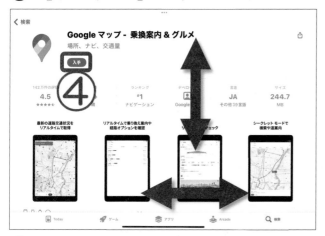 

⑥ はじめて使用する時は、［Apple ID でサインイン］と表示されます。Apple ID のパスワードを入力し、［サインイン］をタップします。

⑦ ［この Apple ID は、iTunes Store で使用されたことがありません。］と表示されたら［レビュー］をタップします。

⑧ ［Apple ID を入力してください］と表示されたら［利用規約に同意する］の ◯ オフをタップして ◯ オンにします。

⑨ ［次へ］をタップします。

⑩ ［お支払い方法］の［なし］に ✔ が表示されていることを確認します。

⑪ 漢字の氏名が表示されています。ふりがなを入力し、カタカナで確定します。

 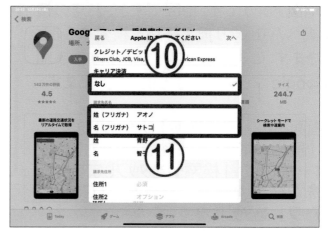

⑫ 画面を上に動かし、郵便番号、住所、電話番号を入力します。
⑬ ［次へ］をタップします。
⑭ ［Apple ID 作成完了］と表示されたら［続ける］をタップします。

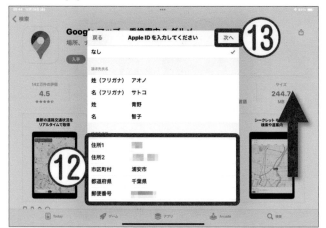

⑮ もう一度［入手］をタップします。
⑯ もう一度［イストール］をタップします。

⑰ もう一度 Apple ID のパスワードを入力し、［サインイン］をタップします。アプリのインストールがはじまります。パスワードの入力に関する説明が表示されたら、［15 分後に要求］をタップします。
⑱ ［入手］が［開く］になればアプリの入手は完了です。［開く］をタップします。

⑲ ["Google Maps"に位置情報の使用を許可しますか？]と表示されたら［アプリの使用中は許可］をタップします。

⑳ ホーム画面に戻ると、アプリが追加されていることが確認できます。

ワンポイント パスワードの入力に関して

［このデバイス上で追加の購入を行う時にパスワードの入力を要求しますか？］と表示されたら［15 分後に要求］をタップします。続けてアプリを入手する時に、パスワードの入力が省けます。

6　顔や指紋を使ったアプリの追加（Google フォト）

ここでは、指紋（Touch ID）や登録した顔（Face ID）を使ってアプリを入手してみましょう。Touch ID や Face ID が使えれば、いちいちパスワードを入れずにアプリが追加できて、とても便利です。ここでは、Google フォト（グーグルフォト）の入手を例に説明します。

Google フォトは iPad で撮影した写真や動画を、インターネット上の自分専用の倉庫に保存しておけるサービスです。自動的に保存されるたくさんの写真の中から、キーワードを入力して、写真を見つけ出すことができます。一定の容量（15 ギガバイト）を超えると、月々の定額料金が必要となります。

なお、Google フォトの詳しい使い方は P131 を参照してください。ここではアプリの追加手順について説明します。

① ホーム画面の  ［App Store］をタップします。［通知を受け取って最新情報を
チェック］と表示されたら［今はしない］をタップします。

② 画面下の 🔍 ［検索］をタップします。［検索］ボックスに「Google フォト」と入力し、
キーボードの［検索］をタップします。

③ ［Google フォト］をタップします。

④ ［入手］をタップします。

■ Touch ID（指紋認証）の場合

⑤ ［Touch ID でインストール］と表示
されます。

⑥ トップボタン（またはホームボタン）に
登録した指をのせます。指紋が認証さ
れると［完了］と表示されます。

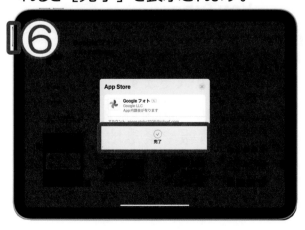

■ Face ID（顔認証）の場合

⑤ ［ボタンで承認］と表示されます。トップ
ボタンを素早く2回押します。

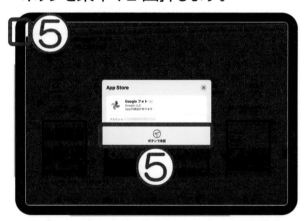

⑥ iPad に視線を合わせます。顔が認識さ
れると［完了］と表示されます。

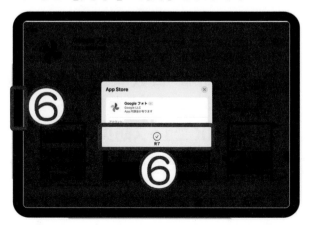

⑦　［開く］と表示されたら、ホーム画面に戻ります。
⑧　ホーム画面にアプリが追加されていることが確認できます。

 ワンポイント　［アプリ内課金］について

無料だと思ったアプリの説明に［アプリ内課金］と表示されることがあります。アプリの中には、アプリの入手自体は無料でも、一定の条件を超えると使用料が発生するものや、追加の機能を使おうとすると料金が発生するものがあります。
このようなアプリは、まずは無料の範囲で使ってみて、必要があれば有料に切り替えることができます。

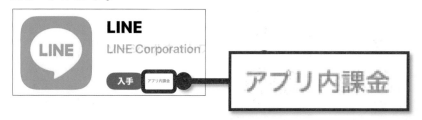

7　おすすめアプリの紹介

アプリを追加する練習を兼ねて、次の中から興味のあるものを入れてみましょう。アプリの名称（太字部分）を入力して検索します。

	Yahoo！乗換案内 目的地までの乗り換え経路を、時間順・回数順・料金順に調べることができます。		**YouTube** 投稿された動画をキーワードで検索して、好きなものを楽しむことができます。
	NHKニュース防災 台風の進路を確認したり、防災時にはニュース番組をライブ放送で見ることができます。		**Yahoo！防災速報** 避難情報や緊急地震速報、災害情報などさまざまな速報を受け取れます。

	全国避難所ガイド 現在地から一番近い避難所の情報がわかります。安否の登録や確認ができます。		**Yahoo！天気** 天気予報はもちろん、台風の進路や天気に関するあらゆる情報がわかります。
	Radiko ラジコを追加すれば iPad がラジオになります。民放ラジオ、NHK ラジオなどが聴けます。		**西暦・和暦・年齢・干支早見表** 西暦や和暦、干支、年齢の一覧表が用意されています。毎年更新されます。
	X（旧 Twitter） エックスは多くのユーザーがいる SNS（エスエヌエス）です。災害時にも活躍します。		**Facebook** フェイスブックは実名登録が基本で、友だちと繋がれる SNS です。投稿は公開範囲が選べます。
	Snapseed スナップシードは写真編集のメニューがとても豊富なアプリです。広告なども入りません。		**PicCollage** ピックコラージュは、複数の写真組み合わせて 1 枚にできます。スタンプなども使えます。
	Quick クイックは写真や動画を選ぶと簡単に BGM 付のムービーにしてくれます。		**Zoom Cloud Meetings** Zoom（ズーム）を利用すると、iPad や iPhone 以外の人ともビデオ通話が楽しめます。
	Google 翻訳 世界各国の言葉を翻訳できるアプリです。音声にも対応しています。		**みんなの脳トレ** シンプルで簡単な脳トレゲームが 6 種類あり、好きなものを楽しむことができます。
	クラシル たくさんの献立の中から、調理法、素材別に料理のレシピ動画が見つかります。		**クックパッド** さまざまなジャンルのレシピの検索ができたり、自分の料理の投稿を行えるアプリです。

レッスン 2　アプリの終了、削除

アプリをいくつ使ったとしても、そのたびにアプリの終了をしなくても構いません。使わなくなったアプリはいつでも削除できます。またアプリが増えてきたら、まとめておくこともできます。

1　スタンバイ状態のアプリの終了

iPad では、アプリを使っている最中でも、ホーム画面に戻ればすぐに別の作業をすることができます。ホーム画面になれば、今まで使っていたアプリは画面から見えなくなりますが、アプリを終了したわけではなく、スタンバイ状態となっています。アプリがスタンバイしている状態であれば、次に必要な時にすぐに使うことができます。

アプリが正常に動かなくなった時には、アプリを終了させてみましょう。アプリを終了すると不具合が解消されることがあるので、アプリの完全な終了方法は必ず覚えておきましょう。

① iPad 本体の下から上にゆっくり押し上げ、半分くらいのところで指を止めます。

➡️ 丸いホームボタンのある iPad の場合、ホームボタンを素早く 2 回押します。

▼ホームボタンのない iPad の場合　　　**▼ホームボタンのある iPad の場合**

② スタンバイ状態のアプリが表示されます。
③ 終了したいアプリを上に動かして画面から見えなくなれば、アプリの完全な終了になります。

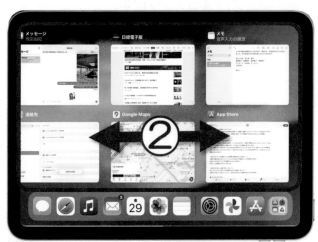 

2 アプリの削除

試しに使ってみたけれど必要なくなった、もう使わなくなった、アプリが多すぎるので消したいという時は、アプリを削除することができます。

① 削除したいアプリに少し長めに触れ、メニューが表示されたら［アプリを削除］をタップします。
② ［"XXX（アプリの名前）"を取り除きますか？］と表示されたら［アプリを削除］をタップします。
③ ［"XXX（アプリの名前）"を削除しますか？］と表示されたら［削除］をタップします。

3 アプリをまとめる

関連のあるアプリを［ゲーム］［防災］［仕事用］などの名前を付けて、1つにまとめておくことができます。まとめるための入れ物をフォルダといいます。アプリとアプリを重ねた時だけ、フォルダを作ることができます。

① まとめたいアプリのアイコンに少し長めに触れ、メニューが表示されたら［ホーム画面を編集］をタップします。
② アイコンがゆらゆらと揺れ始めます。まとめたいアプリを重ね合わせます（ここでは［避難所ガイド］を［NHK NEWS］の上に重ね合わせています）。

③ アプリのアイコンを重ね合わせると、フォルダが作成されます。

④ フォルダをタップするとタイトル入力欄が表示されます。ここでは「天気」をタップし、削除して「防災」と入力しています。

⑤ タイトルを入力したらキーボードの［完了］をタップします。

⑥ フォルダ以外の部分をタップします。

⑦ 同様にして、いくつかまとめたいものを重ね合わせます。アプリのアイコンがゆらゆらと揺れている間は、何回でもフォルダから出したり、入れたりができます。

⑧ まとめ終わったら、［完了］をタップします。

⑨ アプリがまとめられたフォルダができます。フォルダをタップすると、フォルダ内のアプリが表示されます。

⑩ ホーム画面のアイコン以外の部分をタップします。

フォルダにまとめる時に、目的のアプリがなかなか目指す場所に移動できず、上手にまとめられないことがあります。その時は、ゆっくり動かすのではなく、すこし素早く動かすようにすると、上手にまとめられますよ。

第5章
地図を使おう

レッスン 1　Google マップの利用

第4章で入手した地図アプリ、Google マップを使ってみましょう。Google マップはスマートフォン、タブレット端末、パソコンなどでも使われている地図サービスの代表格です。地図を指で広げれば、拡大して見ることができます。また、地図を切り替えて立体表示にすることもできます。地図の見方を確認しましょう。

1　地図を見る

Google マップを起動すると、地図に現在地が表示されます。Wi-Fi モデルの iPad の場合、外出時にインターネットに接続できる環境がないと、地図を利用することができません。

① ホーム画面の　　　［Google Maps］をタップします。
② ［"Google Maps"に位置情報の使用を許可しますか？］と表示されたら［アプリの使用中は許可］をタップします。

③ 自分が今いる位置に ● が表示されます。
④ 現在地が表示されていない時は、　　　［現在地］をタップします。　　　が　　　に変わります。

⑤ もう一度　　　［現在地］をタップします。

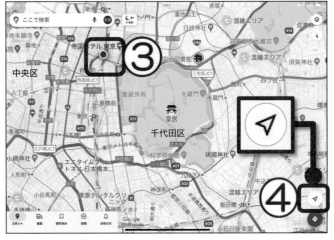

⑥  が 🧭 に変わり、iPad を動かすと地図もそれに合わせて動きます。

もう一度 🧭 をタップすると、地図が北を上にして固定されます。

現在地がうまく表示されない場合は、しばらく待ってみましょう。窓際に行くか、屋外の空の見渡せるところで利用すると、より正確な位置に近づけられます。

2 地図の切り替え

地図は指で動かして拡大や回転ができます。徒歩のルートを確認する時は地図を拡大してみましょう。また、航空地図や現在の道路の混雑具合なども見ることができます。

① 地図を 2 本の指で広げると拡大表示されます。

② 親指を軸にして、地図を 2 本の指でコンパスのように回すと、地図が回転します。
③ 地図を回転すると、🧭 が表示されます。タップすると、北を上にした地図に戻ります。

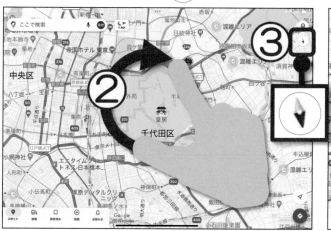

④  をタップするとメニューが表示されます。［航空写真］をタップします。

⑤ 航空写真の地図が表示されます。

⑥ ［×］をタップして、メニューを非表示にします。

⑦ 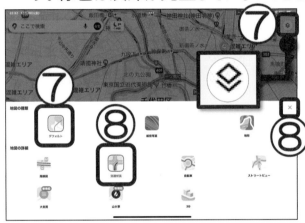 をタップし、［デフォルト］をタップします。

⑧ ［交通状況］をタップし、［×］をタップします。

⑨ 地図上に交通状況が重ねて表示されます。現在の交通情報が色分けして表示されます。緑色は渋滞が発生していないことを表し、赤色は渋滞が激しいことを表しています。

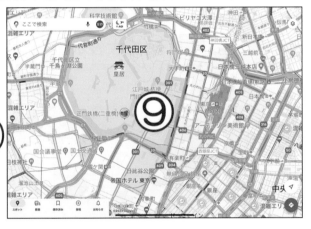

⑩ 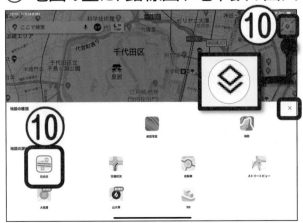 をタップし、［路線図］をタップします。［×］をタップします。

⑪ 地図の上に、路線図や地下鉄の出口などの情報が表示されます。

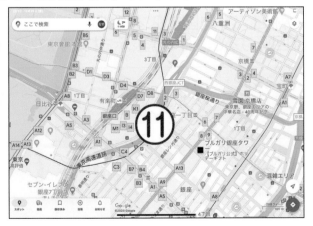

⑫ をタップし、［路線図］をタップして元の地図に戻します。

⑬ ［×］をタップし、メニューを非表示にします。

レッスン 2　地図を使った検索

地図を使って地名や駅名、施設名を入力し、検索することができます。
国内はもちろん、海外の地図を使っても検索できます。車や徒歩で移動する場合、
iPad が現在地から目的地までの経路案内をしてくれます。

1　周辺にあるスポットの検索

Google マップでは現在地周辺にあるレストランやショップなどを探して表示してくれます。
また、地名を入力すればその近辺にある店舗などを見ることができます。これから行こう
としている場所の名前を入れて検索してみましょう。

① 画面上の［検索］ボックスをタップします。
② 「上野」と入力し、キーボードの［検索］をタップします。
③ ［レストラン］［コンビニ］などの分類が表示されます。［レストラン］をタップします。

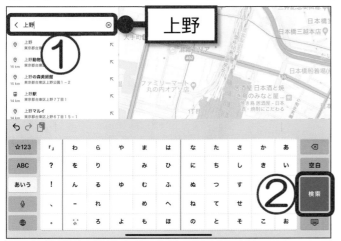

上野

④ 検索した地域の周辺の店舗が表示されます。店舗一覧または地図上の施設から見た
　いものをタップします。
⑤ 画面左側に店舗の詳細情報が表示されます。
⑥ 画面左上の［＜］をタップします。

95

2　交通機関の経路検索

［検索］ボックスに地名や駅名、施設名、特定の店舗名などを入力して検索ができます。また乗換案内アプリのように、現在地からその場所までの交通経路を調べたり、出口から目的地までの徒歩のルートも一緒に調べることができます。

① ［検索］ボックスにある文字を［×］をタップして削除し、キーワード（ここでは「東京大学」）を入力します。
② キーボードの［検索］をタップします。
③ 地図上に検索した場所が示され、画面左に詳細情報が表示されます。
④ 〔経路〕をタップすると、現在地からの経路が表示されます。候補となる場所が複数表示された場合、目的地をタップします。

⑤ ［車］［電車］［徒歩］［自転車］などの移動手段が表示されます。［電車］をタップします。
⑥ 目的の経路をタップすると、詳細な情報と地図上に経路が表示されます。

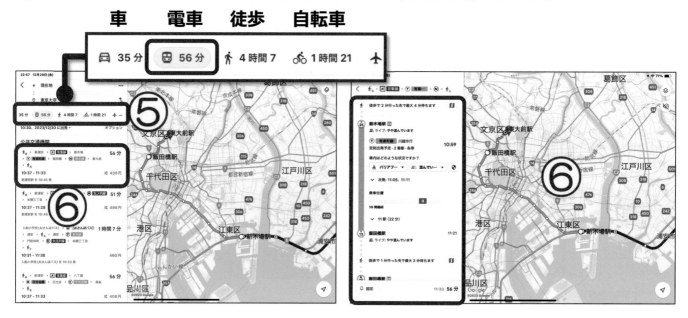

⑦ ［XX 駅］と駅の数が表示されている部分をタップすると、通過駅が表示されます。

⑧ ［徒歩 XX 分］をタップすると、駅の出口からの経路が青色の点線で確認できます。
⑨ ［検索］ボックスが表示されるまで、［＜］をタップします。

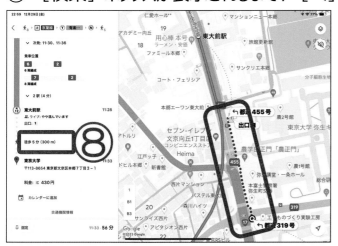

![ワンポイント] 日時などの条件を指定して経路検索するには

電車の経路の場合、日時や到着、出発などの条件を指定して経路検索ができます。

① 目的地を入力して検索します。
② ［XXに出発］をタップします。
③ 表示された日付や時刻の数字を上下に動かして日時を変更し、［完了］をタップします。指定された日時に従って、検索結果が変更されます。

3 音声による経路検索

［検索］ボックスにあるマイクを使って、音声で地図を検索してみましょう。

① ［検索］ボックスの表示されている Google マップの最初の画面に戻ります。［検索］ボックスが表示されていない時は、［＜］や［×］をタップして、最初の画面に戻ります。

② ［検索］ボックスにある 🎤 をタップします。［"Google Maps"がマイクへのアクセスを求めています］と表示されたら［許可］をタップします。

③「小石川植物園」と話しかけます。音声が聞き取られます。

④ ［検索］ボックスにキーワードが入力され、検索結果が表示されます。

⑤ 検索結果の［経路］をタップすると、現在地からの経路が表示されます。

⑥ ［車］［電車］［徒歩］［自転車］などが表示されます。車の場合（左図）は目的地までの経路が青色の線で、徒歩の場合（右図）は青色の点線で表示されます。

レッスン3　地図の詳細情報の利用

Google マップで調べることができるのは、場所や経路だけではありません。
例えば店舗の場合、営業時間やメニュー、写真などを見ることができます。ホームページのアドレスが記載されていれば、Google マップの画面からそのまま Web ページを閲覧することもできます。

1　詳細情報からの Web サイトの利用

具体的な店舗の名前がわからなくても、地名とキーワードを入力すれば、Google マップで検索ができます。地図で店舗などをキーワード検索できれば、初めて行く場所での店探しに役立ちます。また、地名とキーワードを入力すれば、特定のエリアでの検索ができます。

① ［検索］ボックスにキーワード（ここでは「和菓子」）を入力して、キーボードの［検索］をタップします。［検索］ボックスの音声入力も利用できます。
② 現在表示されている地図の周辺で、検索キーワードに合致したものが表示されます。

和菓子

③ ［×］や［＜］をタップし、［検索］ボックスを表示します。地名とキーワード（ここでは「上野　ラム」）を入力して検索します。地名とキーワードの間には半角スペースを入力します。音声入力の時は「上野ラムチョップ」と続けて話します。
④ 入力した地名の周辺で、検索キーワードに合致したものが表示されます。検索結果から見たいものをタップします。

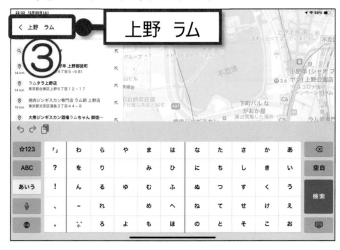
上野　ラム

99

⑤ 画面左に詳細な情報が表示されます。上に動かすとさらに情報を見ることができます。
⑥ 営業時間をタップすると、各曜日の営業時間が表示されます。

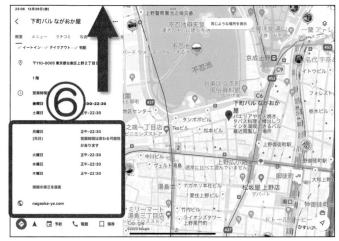

⑦ URL（ホームページのアドレス）をタップすると、地図上にホームページが表示されます。
⑧ ［完了］をタップすると、地図の画面に戻ります。
⑨ ［最新情報］［メニュー］［クチコミ］［写真］をタップすると、それぞれ情報が表示されます。

⑩ [↰] をタップすると、検索した店舗の情報をメールやメッセージなどで送信できます。

2 Google アカウントを利用した登録

行ってみたいお店や気になる場所などは、その都度地図で検索しなくても Google マップに登録しておくことができます。

検索した場所を保存しておくには、Google マップに Google アカウントを追加しておく必要があります。第 6 章で説明する Google フォトを利用した際に、iPad に Google アカウントが設定されていれば、[検索] ボックスの横に名前が表示されます。

ここからは、Google マップに Google アカウントが設定された状態で、場所をお気に入りに保存する方法について説明します。

▼Google アカウントが設定されている	▼Google アカウントが設定されていない

🎎 ワンポイント　Google アカウントの設定について

Google アカウント（Gmail とパスワード）があり、まだ Google マップに設定していない場合は、次のようにします。

① 　　 をタップします。
② ［"Google マップ"がサインインのために"google.com"を使用しようとしています。］と表示されます。［続ける］をタップします。
③ Google のログインの画面が表示されます。Gmail のアドレスを入力し、［次へ］をタップします。
④ パスワードを入力し、［次へ］をタップします。

⑤ ［検索］ボックスの横に、自分の名前が表示されていることを確認します。

3 ［お気に入り］への登録

Google マップに Google アカウントが設定されていると、検索した場所を保存する時にあらかじめ用意されている［お気に入り］［行ってみたい］［スター付き］というリストが利用できます。［お気に入り］［行ってみたい］［スター付き］の使い分けは、自分で決めて構いません。雑誌で見て気になっているところ、テレビで紹介された観光地やレストラン、行ってみたい店、旅行先に検討している場所などを保存して、Google マップを上手に利用してみるとよいでしょう。
行きたい場所を保存しておけば、あとから探すのがとても楽になります。

① ［検索］ボックスにキーワード（ここでは「Apple」）を入力して、キーボードの［検索］をタップします。
② 検索結果の中から登録したい場所をタップします。
③ 詳細情報の［保存］をタップします。

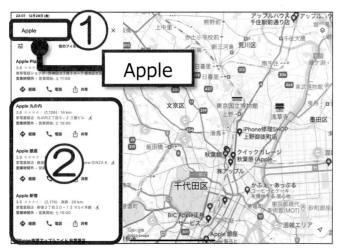

④ ［お気に入り］［行ってみたい］［旅行プラン］［スター付き］の中から、登録したいリストをタップし、✓を付けます。
⑤ ［完了］をタップします。
⑥ ［保存］が［保存済み］に変わります。

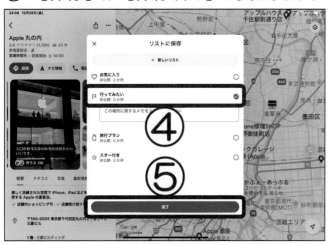

⑦ 同様にして、リストに追加したい場所を検索します。［保存］をタップし、［お気に入り］［行ってみたい］などの中から登録したいリストをタップします。

4 ［お気に入り］に登録した場所の利用と削除

［お気に入り］などに保存した場所は、マイプレイスというメニューで確認できます。

① ［＜］をタップし、Google マップの最初の画面に戻ります。
② ［保存済み］をタップします。
③ ［お気に入り］［行ってみたい］［旅行プラン］［スター付き］の中から、自分が登録したリストをタップします。

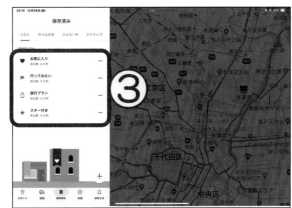

④ リストに登録した場所が表示されます。見たい場所をタップします。
⑤ 登録したリストから削除したい時は、［保存済み］をタップします。
⑥ リストが表示されます。登録を解除したいリストをタップして ✓ を非表示にします。［完了］をタップします。

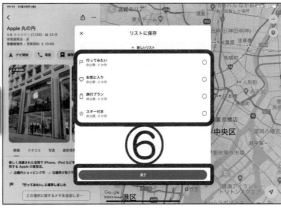

⑦ ［保存済み］が［保存］に変わります。
⑧ ［＜］をタップし、［保存済み］のメニューに戻ったら［スポット］をタップします。Google マップの最初の画面に戻ります。

103

🎎 ワンポイント 　［マップ］の利用

iPadに最初からある［マップ］でも、Googleマップと同じような検索ができます。

①　［マップ］ 　をタップします。
②　画面左上の［検索］ボックスをタップし、駅名や施設名を入力します。
③　［検索］をタップします。［安全に目的地に到達するために］と表示されたら［OK］
　　をタップします。

④　表示された中から、移動手段（車、徒歩、電車、自転車）をタップします。
⑤　経路が表示されます。［経路をプレビュー］をタップします。
⑥　経路の詳細が表示されます。確認したら［×］をタップします。

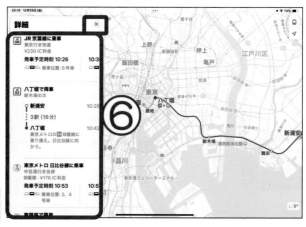

iPadの［マップ］には、空から地図が楽しめる
Flyover（フライオーバー）があります。［検索］
ボックスに地名を入力し、画面に表示される
［Flyover］をタップすると、空からの眺望を楽しむ
ことができます。また、［ツアーを開始］をタップす
ると、自動的なツアーが開始さます。
iPadを持って上下左右に動かすと、かざした方向
の地図が表示されます。Flyoverが楽しめるの
は、次のような場所です（2023年12月現在）。

・東京　　　　・大阪　　　　・サンフランシスコ　　・マドリード　　　　・ストーンヘンジ
・ニース　　　・フィレンツェ　・ヨセミテ国立公園　　・ラスベガス　　　　・セビリア　など

104

第6章
写真を楽しもう

レッスン 1 　写真や動画を撮る

iPad には薄い本体に2つのカメラが内蔵されていて、切り替えると自分を撮影することもできます。撮った写真や動画は iPad の画面ですぐに見られます。スポーツのフォームをチェックしたり、家族のイベント、旅先の思い出を写真や動画で撮影したりして楽しんでみましょう。

1 　撮影時の iPad の持ち方

写真撮影で一番ぶれやすいのは、シャッターボタンに触れる時です。ぶれない写真を撮影するには、iPad をしっかりと持つことが重要です。
ディスプレイ部分を自分に向けて、iPad の背面側カメラを使って撮影します。
写真を撮る時の iPad の持ち方は、ホームボタンの有無によって次のようになります。
ホームボタンのない iPad の場合は、画面に指がかからないようにフレームを持ちます。
ホームボタンのある iPad の場合は、ホームボタンを右側にして持つと、iPad を持つ手で背面側カメラのレンズを隠してしまう心配がありません。いずれも、iPad の画面に指がかからないようにしてフレームをしっかり持ちます。また、親指でシャッターボタンがタップできるようにしておきます。脇を締めて、手がぶれないようにして撮影しましょう。

シャッターボタンをタップする
時に iPad が動かないように
しっかり手を添えます。

2 　写真の撮影

写真を撮るにはホーム画面の 📷 ［カメラ］をタップします。カメラが起動したら画面全体で構図を確認します。デジタルカメラと違って、本体の中央にレンズが付いているわけではないので、撮影する時にはレンズの位置を確認し、iPad を構えるようにしましょう。
シャッターボタンは画面に表示されるので、タップして撮影します。iPad は薄いので、しっかり構えないとシャッターボタンをタップした時に手ぶれが生じます。

① ホーム画面の  ［カメラ］をタップします。

② ［"カメラ"に位置情報の使用を許可しますか？］と表示されたら［アプリの使用中は許可］をタップします。

③ シャッターボタンの下に表示される切り替えメニューの［写真］が黄色の文字になっていれば、写真撮影ができます。

④ ⊚ ライブフォトが黄色になっていたら、タップして ⊘ にします（P114 参照）。

⑤ ○ シャッターボタンをタップします。タップする際、iPadがぶれないように気をつけます。
　※長めに押すと連写撮影（バーストモード）になります（P112 参照）。

シャッターボタンを軽くしっかりとタップします。長く触れていると連写になります。

④
⑤
写真
③

⑥ シャッターボタンの下にある小さい画像（サムネイル）をタップすると、撮影した写真をすぐに見ることができます。［詳しく見る］と表示されたら［了解］をタップします。

⑦ ［＜］をタップすると、カメラに戻ります。撮影の続きができます。

3　ピント合わせ

人物にカメラを向けると、iPadは顔を自動的に認識し、画面に黄色の枠が表示されます。iPad の画面でピントを合わせたいものをタップすれば、黄色の枠が表示され、ピントと露出（光の量）が自動的に調整されます。
ピントを合わせたい部分、明るい部分、暗い部分、中間の部分などをタップし比べて、一番いいと思うところでシャッターボタンをタップします。

▼手前の花をタップして
　手前にピントが合った状態　　　　　　▼奥の花をタップして
　　　　　　　　　　　　　　　　　　　　奥にピントが合った状態

4　明るさの調整

画面の明るい場所をタップすると写真全体が暗くなり、画面の暗い場所をタップすると写真全体が明るくなります。

下の図は画面のところどころに触れ、画面全体が明るくなったり暗くなったりする様子を確かめているところです。自分が一番いいと思ったところでシャッターボタンをタップするようにしましょう。

明るさは、自分でも詳細に調整することができます。

画面をタップしてピントを合わせると、黄色の枠の横に太陽のマークが表示されます。このマークを上に動かすと画面が明るくなり、下に動かすと暗くなります。

明るさの量が違うと、写真の雰囲気も変わります。好みで調整してみましょう。

▼太陽のマークを下げると暗い写真になる

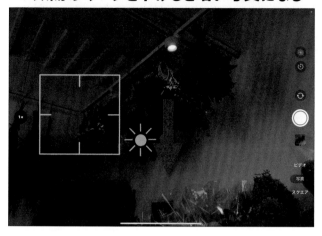

▼太陽のマークを上げると明るい写真になる

画面を長めに押していると、[AE／AF ロック]と表示されます。

「AE」は Automatic Exposure（自動露出）の略で、明るさを自動的に調整する機能、「AF」は Auto Focus（オートフォーカス）の略で、ピントを自動的に調整する機能です。

画面を長めに押したところに露出とピントが合って固定（ロック）された状態になります。この状態でカメラの向きを少し変えたりしても、ロックされた露出とピントは変わらないので、明るさとピントが調整された写真を撮ることができます。

画面をもう一度タップすると、ロックが解除されます。

AE／AF ロック

5 ズーム

もう少し大きく写真を撮りたい時は、画面を 2 本の指で広げてズームします。レンズのズームと違って、写った画像の一部を拡大しているだけなので、画像が粗くなることがあります。きれいに撮影するには、被写体に寄れるところまで寄って撮るようにしましょう。

6 カメラの切り替え

自分も友だちと一緒に写りたい、シャッターを押してくれる人が誰もいない、などの場合には、カメラを前面側カメラに切り替えて撮影してみましょう。
カメラを自分に向けて撮影したものをセルフィーや自撮りといいます。
自撮りの時は iPad の画面中央を見てしまいがちですが、カメラ目線になるには前面側カメラのレンズを見る必要があります。前面側カメラの位置を確認してからシャッターボタンをタップしましょう。

① 写真が撮影できる状態で、 をタップします。
② カメラが切り替わり、内側（自分）が画面に映ります。シャッターボタンをタップします。

③ 撮影が終わったら をタップして、カメラを切り替えておきます。

7 動画の撮影

iPad のカメラは、メニューの［ビデオ］をタップするだけでビデオに切り替わり、動画を撮影することができます。特に動きのあるものは動画で撮影するとよいでしょう。
［写真］を［ビデオ］に切り替えて動画を撮影してみましょう。
「動いているもの」を撮影するのが動画撮影です。動画撮影時は iPad が揺れないようにしっかり持ちましょう。動きながら撮影すると、映像もぶれてしまいます。動画撮影中はあちらこちらに動かすのではなく、一定の方向にゆっくり動かすようにしましょう。

① シャッターボタンのそばにあるメニューの文字を動かし、［ビデオ］をタップします。
　　［ビデオ］が黄色の文字になっていると動画撮影ができます。

② 　●　をタップして動画撮影を開始します。　●が　■（赤色の四角）になっている時は撮影中です。画面には撮影時間が表示されます。

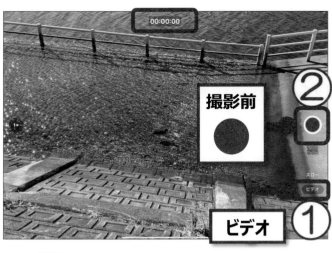 

③ ■ をタップして、動画撮影を終了します。 ■ が ● に変わります。

④ 小さい画像（サムネイル）をタップすると、撮影した動画を見ることができます。

⑤ 画面右上の 🔇 をタップすると動画の音声が聞こえます。 ⏸ をタップすると動画の再生が停止します。

⑥ 再生中に画面をタップすると、下に動画の内容が表示されます。左に動かすと動画の早送り、右に動かすと動画の巻き戻しができます。

⑦ 再生が終わったら［＜］をタップします。

レッスン 2　カメラのメニューと機能

雰囲気のいいレストランなどではフラッシュオフで撮影したり、友達との集まりではセルフタイマーを使ったり、風光明媚な場所ではパノラマ撮影したりと、さまざまな撮影方法を知って、楽しく使いこなしましょう。

1　連写撮影（バーストモード）

スポーツシーン、ペット、小さい子供、風に揺れる花など、動きのある被写体を写真に撮る時は、なかなかピントが合わないものです。そんな時は連写撮影を利用します。iPad はシャッターボタンに触れている間、連続で写真を撮影します。指を離すまで連写撮影が続きます。

① シャッターボタンに触れたままでいると連写撮影になります。指を離すと、連写撮影が終わります。
② 小さい画像（サムネイル）をタップすると、撮影した写真をすぐに見ることができます。

> シャッターボタンに触れたままだと「カシャカシャカシャ・・・」とシャッター音がして連写になります。

③ 連写で撮影された写真には［バースト（XX 枚の写真）］と表示され、その中の 1 枚だけが大きく表示されます。
④ 連写された写真をすべて見たい時は、［選択］をタップします。
⑤ 連写されたすべての写真が表示され、左右に動かすと別の写真が見られます。おすすめの写真には画像に ⬤ が付いています。

選択

バースト（50 枚の写真）

112

2 フラッシュの切り替え

iPad Pro にはフラッシュがあります。フラッシュが［自動］の場合、被写体が暗いと自動的に発光されます。暗い照明のレストラン、フラッシュ禁止の場所などでは、フラッシュのオン・オフが切り替えられるようにしておきましょう。

　［フラッシュ］をタップし、［自動］
［オン］［オフ］をタップして切り替えます。

［自動］　：暗いところでは自動的に発光
　　　　　　されます。
［オン］　：発光されます。
［オフ］　：発光されません。

3 セルフタイマー機能

時計のマークをタップするとセルフタイマー機能が使えます。タイマーの時間は［3 秒］
［10 秒］が選べます。
カメラを切り替えて自分や友達と一緒に撮影するなら 3 秒タイマー、三脚などを使って iPad を設置し、記念撮影するなら 10 秒タイマーと使い分けてみるとよいでしょう。
セルフタイマー撮影では、写真が連写され、撮影された写真の中からおすすめの写真が表示されます。

① 　［タイマー］をタップし、［3 秒］または［10 秒］をタップします。
② シャッターボタンをタップすると残り秒数が表示され、設定した秒数で撮影されます。
③ 　［タイマー］をタップし、［オフ］をタップします。

iPad のカバーやグッズなどを使って iPad を固定することもできます。
家族や友人との集まりに使ってみると、撮影も楽しくなりますよ。

4 ライブフォト

iPad には「押すと動く写真」が撮れるライブフォト（Live Photos）という機能があります。ライブフォトは、シャッターボタンをタップする前後 1.5 秒ずつ、合計 3 秒間の映像と音声が保存されます。撮影の前後が記録されるので、撮影後も iPad をしっかりと持ってすぐに動かさないようにしましょう。ライブフォトの時はシャッター音が通常と異なります。「ピポッ」という静かな音になります。ライブフォトが楽しめるのは、iPad 同士ですが、ほかのスマートフォンやパソコンに送ったライブフォトの写真は静止画として楽しめます。

① ⊘ をタップします。 ◎ になり、ライブフォトが撮影できる状態になります。
② シャッターボタンをタップすると、「ピポッ」という音がしてライブフォトが撮影されます。撮影前後1.5秒が記録されるので、シャッターボタンをタップしてもiPadを動かさないようにします。
③ 撮影中は LIVE と表示されます。
④ 小さい画像（サムネイル）をタップすると、撮影した写真をすぐに見ることができます。
⑤ 撮影した写真（ライブフォト）を強く押すと、初めはぼやけていた写真が動き出します。

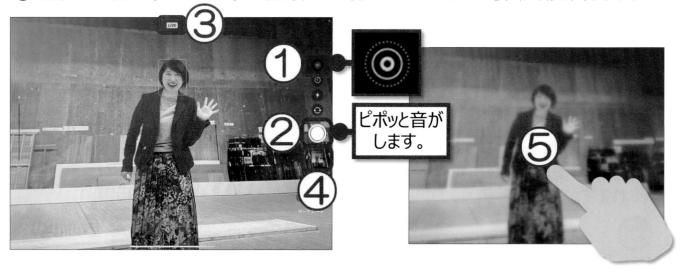

ピポッと音が
します。

5 撮影メニューの切り替え

iPad のシャッターボタンのそばにある文字をゆっくり動かすと、［タイムラプス］［スロー］
［ビデオ］［写真］［スクエア］［パノラマ］とメニューを切り替えることができます。

画面全体を動かしてもメニューの切り替えができます。

太陽のマーク（P109参照）が表示されている時に画面全体を動かすと、露出の調整になるので注意します。

文字のある部分をゆっくり動かすとメニューが切り替えられます。

114

6 ポートレート撮影

iPad Pro にはポートレートというメニューがあります。背景をきれいにぼかしつつ、被写体を際立たせた写真を撮影できます。

ポートレート写真を撮りたい時は、[ポートレート]をタップして被写体にカメラを向けます。被写体に近すぎたり、遠すぎたりすると、画面にメッセージが表示されるので、画面の指示に従って撮影します。

ポートレートモードで撮影できるものは、iPad Pro の 11 インチ／12.9 インチの前面側カメラだけとなっています（2023 年 12 月現在）。

ポートレートモードの時は自動的に前面側カメラに切り替わるので、自撮りのような形で写真が撮影できます。iPad を少し離して持つか、カバーや iPad グッズなどを利用して iPad を設置して撮影するとよいでしょう。

① ［ポートレート］をタップします。説明が表示されたら［続ける］をタップします。
② ポートレート撮影ができる状態になると［自然光］と表示されます。［自然光］を動かして、照明のメニューを切り替えます。

ポートレートモードには自然光をはじめ全部で 5 種類の照明が用意されています。スタジオ照明は少し明るく撮影できます。輪郭強調照明は、顔の輪郭を強調するような照明です。ステージ照明は、背景が暗くなります。ステージ照明（モノ）は、人物もモノクロで撮影されます。

▼自然光　　▼スタジオ照明　　▼輪郭強調照明　　▼ステージ照明　　▼ステージ照明（モノ）

7 タイムラプス、スローモーション

タイムラプスは数秒おきに撮影した写真を自動的につなげて動画にしてくれる機能です。例えば1時間ほどタイムラプスで撮影したものが、何十秒かの動画になります。
空の動きや、料理風景、作業手順、夜景、移動の車中などを撮影してみると楽しいでしょう。タイムラプスは写真をつなぎ合わせたものなので、音声は入りません。
スローモーション撮影で撮影した動画は、部分的にスローモーションとなって再生されます。
ダンスシーンやスポーツシーン、ペットや子供など、動きの速いものに使ってみると楽しい動画になるでしょう。

① シャッターボタンのそばにあるメニューの文字を動かし、［タイムラプス］または［スロー］をタップします。
　［タイムラプス］または［スロー］が黄色の文字になっていると撮影ができます。

② をタップして撮影を開始し、 をタップして撮影を終了します。
③ シャッターボタンのそばにある小さい画像（サムネイル）をタップすると、撮影した動画が見られます。

8 パノラマ撮影

パノラマ撮影は iPad で 1 枚ずつ撮影した写真を合成してパノラマ写真にしてくれるメニューです。iPad をゆっくり動かして写真を自動的に何枚も撮影し、最後につなぎ合わせるとパノラマ写真になります。

撮影は簡単です。シャッターボタンをタップしてパノラマ撮影を開始したら、画面中央に表示された黄色の線に沿って iPad をゆっくり動かします。その間 iPad が自動的に写真を何枚も撮影してくれます。矢印が右端までいくと、パノラマ撮影は自動的に終了となります。途中でもシャッターボタンをタップしたところで、パノラマ撮影は終了となります。

① iPad を縦に持ちます。
② シャッターボタンのそばにあるメニューの文字を動かし、［パノラマ］をタップします。
③ シャッターボタンをタップすると、パノラマ撮影の開始です。
④ 画面中央に表示される黄色の線の矢印に合わせながら、iPad をゆっくり水平に動かします。速すぎると「ゆっくり」などと表示されます。
⑤ シャッターボタンをタップすると、パノラマ撮影の終了です。

ゆっくりと水平に
動かします。

⑥ シャッターボタンのそばの小さい画像（サムネイル）をタップすると、撮影したパノラマ写真を見ることができます。

レッスン 3　撮影した写真や動画を見る

iPad で撮影したすべての写真や動画は、ホーム画面の［写真］に保存されます。撮影した写真や動画は［年別］［月別］［日別］［すべての写真］に分類されるほか、［ビデオ］［セルフィー］［パノラマ］など写真の種類別にも分類されます。
また、iPad を横置きにすると、画面左側にサイドバーが表示され、分類された写真や動画を見る場合に役立ちます。

1　サイドバーを利用した写真の表示

［写真］の［ライブラリ］では、撮影した写真や動画が［年別］［月別］［日別］［すべての写真］に分類されます。

① ホーム画面の  ［写真］をタップします。
② サイドバーに［ライブラリ］［For You］［ピープル］［撮影地］［お気に入り］［最近の項目］［検索］などのメニューが表示されます。［ライブラリ］をタップします。
③ 写真が一覧で表示されます。上下に動かすとすべての写真が表示されます。
　　新しく撮影した写真は下の方に表示されます。

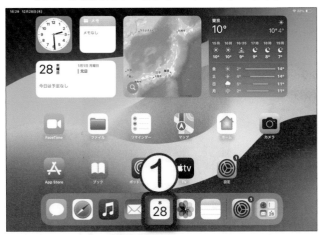

④ 見たい写真をタップすると大きく表示されます。位置情報サービスがオンになっていれば、撮影地が表示されます。
⑤ ［＜］をタップして、写真一覧に戻ります。

⑥ ピンチアウトすると写真が大きく表示され、ピンチインすると写真が小さく表示されます。

⑦ 画面右上の［アスペクト比］または［スクエア］をタップすると、正方形の写真の表示と、縦写真・横写真の表示が切り替えられます。

2　［ライブラリ］を利用した写真の分類

［ライブラリ］では撮影日時によって写真や動画が分類されます。

① ［ライブラリ］をタップすると、［日別］［月別］［年別］［すべての写真］のメニューが表示されます。［すべての写真］には、iPad で撮影した写真と動画がすべて表示されます。
② ［日別］［月別］［年別］にはそれぞれ、iPad が選んだベストショットが表示されます。

3 写真の撮影場所の表示

サイドバーの［撮影地］をタップすると、撮影した写真や動画が地図に表示されます。地図に表示された写真をタップすると、その場所で撮影した写真や動画が表示されます。位置情報サービスがオンになっていれば、iPadで撮影した写真や動画は自動的に撮影地別に分類され、どこで撮影したかがわかるためとても便利です。

① サイドバーの［撮影地］をタップします。
② 地図に写真や動画が表示されます。数字は、その場所で何枚撮影したかを示しています。写真をタップすると、撮影地で分類された写真が表示されます。
③ ［ライブラリ］をタップして、写真一覧に戻ります。

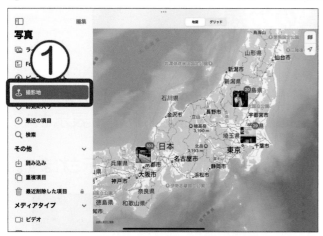

その場所で撮影された写真が表示されます。

ワンポイント　位置情報サービスについて

位置情報サービスがオンになっていれば、写真が撮影地別に分類され、とても便利です。一方で、撮影した写真をインターネットに公開すると、例えば位置情報から自宅の場所がわかるという可能性もあります。撮影場所などが特定されるのをどうしても避けたい場合は、撮影前にカメラの位置情報サービスをオフにして写真を撮るとよいでしょう。位置情報は便利なものなので、必要に応じてオン／オフの切り替えができるようにしておきましょう。

① ホーム画面の 　[設定]をタップします。
② 画面を上に動かし、[プライバシーとセキュリティ]をタップします。
③ [位置情報サービス]をタップします。
④ [位置情報サービス]が 　オンになっていることを確認します。位置情報サービスをオンにしているサービスが表示されます。
⑤ [カメラ]が[使用中のみ]になっていることを確認します。撮影時の位置情報サービスをオフにしたい場合は、[カメラ]をタップして[なし]をタップします。

4 スライドショーの自動作成

[For You]では、写真の撮影日時や、場所、写っている人やものなどから、自動的にBGM付きのスライドショーを作成してくれます。知らない間にスライドショーが作成されるので、意外な発見があります。

① サイドバーの[For You]をタップします。
② 作成されたスライドショーが表示されます。見たいスライドショーをタップします。
③ BGM付きでスライドショーが自動的に再生されます。

④ 完成したスライドショーは、メールやメッセージではサイズが大きくて送れませんが、近くにいる相手には 　をタップして AirDrop（P159参照）で送ることができます。

⑤ スライドショーの再生が終わったら、[×]をタップして戻ります。

レッスン 4　写真や動画の選別や編集

iPad では簡単に写真の編集ができます。気に入った写真に目印を付けたり、アルバムにまとめたりすることができます。

1　写真の編集

iPad の写真編集メニューで写真を編集してみましょう。撮影した時に少し暗くなってしまったもの、傾いてしまったもの、鮮やかさに欠けたものなどは補正することができます。編集した写真は、すぐに元の状態に戻すこともできます。

① 編集したい写真を 1 枚タップし、［編集］をタップします。
② 編集のメニューが表示されます。
③ それぞれの編集のメニューをタップすると、画面の右や上に詳細なメニューが表示されます。

［調整］には［自動］をはじめ、［露出］［ブリリアンス］［ハイライト］［シャドウ］［コントラスト］［明るさ］［ブラックポイント］［彩度］［自然な彩度］［暖かみ］［色合い］［シャープネス］［精細度］［ノイズ除去］［ビネット］が用意されています。調整のメニューは画面を左右に動かして切り替えます。

▼調整：自動

［自動］をタップすると自動調整されます。もう一度タップすると元の状態に戻ります。

▼調整：露出

［露出］をタップし、表示される目盛りを上に動かすと明るく、下に動かすと暗くなります。

122

▼調整：彩度

［彩度］をタップし、表示される目盛りを
上に動かすと鮮やかになります。

▼調整：暖かみ

［暖かみ］をタップし、表示される目盛りを
上下に動かすと色合いが変わります。

［トリミングと傾き補正］では、写真のトリミングや反転、回転、傾きの調整が
できます。

▼トリミングと傾き補正：縦横比

［トリミングと傾き］をタップし、右上の
をタップすると、［スクエア］などの
縦横比が表示されます。また、［自由形
式］をタップして写真の四隅を動かす
と自由にトリミングできます。

写真の四
隅を動かす
とトリミング
できます。

縦横比が
選べます。

▼トリミングと傾き補正：反転、傾き

左上の　　　［反転］
　　　［回転］をタップ
すると、写真が反転、
回転できます。

をタップし、表
示される目盛りを
上下に動かすと傾
きが補正できます。

▼トリミングと傾き補正：縦方向

をタップし、表示される目盛りを上下に
動かすと縦方向の傾きが補正できます。

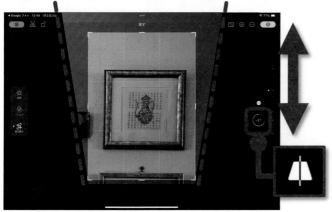

▼トリミングと傾き補正：横方向

をタップし、表示される目盛りを上下
に動かすと横方向の傾きが補正できます。

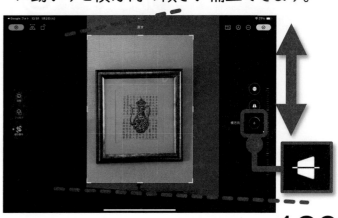

［フィルタ］には［オリジナル］［ビビッド］［ビビッド（暖かい）］［ビビッド（冷たい）］［ドラマチック］［ドラマチック（暖かい）］［ドラマチック（冷たい）］［モノ］［シルバートーン］［ノアール］が用意されています。それぞれ、目盛りを動かしてさらに調整できます。

表示されたさまざまなフィルタを選択できます。

表示された目盛りを動かして詳細な調整ができます。

④ 編集が終わったら ⊘ をタップします。
⑤ 編集したものを元に戻したい場合は、もう一度［編集］をタップします。

⑥ ［元に戻す］をタップします。
⑦ ［オリジナルに戻す］をタップします。

2 写真や動画の削除

iPad の容量によって保存できる写真や動画の数は異なりますが、特に動画は多くの容量を必要とするので、不要なものは削除しておくとよいでしょう。似たような構図をたくさん撮影してしまったり、写りが悪かったりした写真や動画は簡単に削除することができます。なお、削除したものは一定の日数（最大 40 日）が経過すると完全に削除されます。

■写真を 1 枚だけ削除する場合

① サイドバーの［ライブラリ］をタップし、削除したい写真をタップします。

② 🗑 をタップします。

③ ［写真を削除］をタップします。

■写真を複数枚削除する場合

① ［選択］をタップします。

② 削除したい写真や動画をタップして ✓ を付けます。

③ 🗑 をタップします。

④ ［写真 XX 枚を削除］（動画などを含む場合は［XX 個の項目を削除］）と表示されたらタップします。iPad の設定によっては、［写真 XX 枚をすぐに削除］と表示されます。この場合、削除した写真や動画を元に戻すことはできないので注意しましょう。

⑤ サイドバーの［最近削除した項目］をタップします。［Touch ID を使用して"最近削除した項目"アルバムを表示］と表示されたら、トップボタン（またはホームボタン）に指をのせます。削除した写真や動画を確認できます。

➡ ［Face ID］と表示されたら、iPad に視線を合わせます。

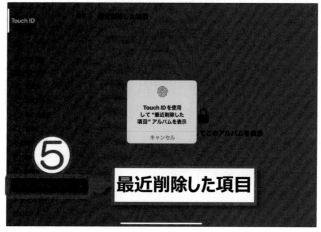

125

間違って削除してしまったものや、もう一度元に戻したいものがあったら、削除してから一定期間内であれば次のようにして復元できます。

① サイドバーの［最近削除した項目］をタップします。
② 画面右上の［選択］をタップします。
④ 元に戻したい写真や動画をタップして ✓ を付けます。
⑤ 画面右下の［…］をタップし、［復元］をタップします。［XX枚の写真を復元］をタップすると、選択したものだけを元に戻せます。

3 お気に入りにまとめる

気に入った写真にはマークを付けてお気に入りにまとめておくことができます。例えば誰かに見せたい写真だけをまとめるためにマークを付けておくと便利です。マークはタップして簡単に付けたり外したりできるので、写真に目印を付ける感覚で気軽に使ってみましょう。

① 気に入った写真を1枚タップし、 ♡ をタップすると ♥ に変わります。
② 画面左上の［＜］をタップします。

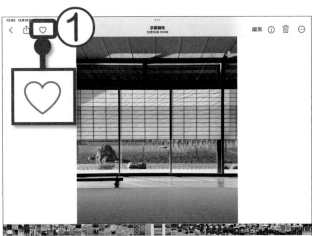
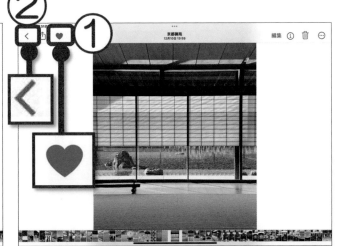

③ サイドバーの［お気に入り］をタップします。
④ ［お気に入り］には ♥ を付けた写真だけが表示されています。
⑤ ［お気に入り］から削除したい時は、写真をタップし、 ♥ をタップします。

　♥ が ♡ になれば、［お気に入り］から削除されます。

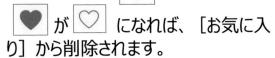
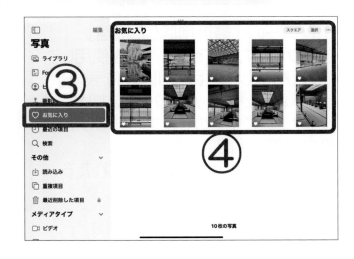

4 アルバムの作成と削除

写真は好きな名前を付けたアルバムにまとめておくことができます。

［お気に入り］とは別に、「箱根家族旅行」「洋子結婚式」「さとし七五三」「同窓会 30 周年」など、好きな名前を付けてアルバムに写真を分類しておくことができます。

アルバムはいくつでも作ることができます。iPad から写真を印刷する時や、アプリなどを使ってスライドショー、ムービー作成、写真コラージュなどの作品を作る時に、アルバムに分類してあれば写真も選びやすく、とても便利です。また人に見せる時も、ほかの写真を見せずに、そのアルバムだけを見せることができます。

必要なくなったアルバムはいつでも削除できます。アルバムは写真を分類するためのメニューなので、アルバムを削除しても、その中に追加された写真が削除されることはありません。

■アルバムの作成

① サイドバーを上に動かし、［マイアルバム］の［新規アルバム］をタップします。
② 新規アルバムの名前を入力し、［保存］をタップします。

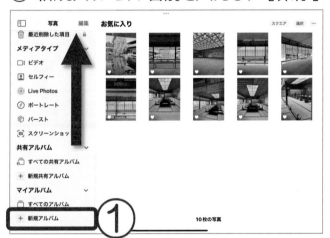

③ すべての写真が表示されます。アルバムにまとめたい写真をタップして ✓ を付けます。
④ ［追加］をタップします。新しくアルバムが作成されます。
⑤ サイドバーの［マイアルバム］にも作成した新しいアルバムが表示されます。

■アルバムの削除

① サイドバーの［すべてのアルバム］をタップします。アルバムがすべて表示されます。
② ［編集］をタップします。
③ 削除したいアルバムの ➖ をタップします。

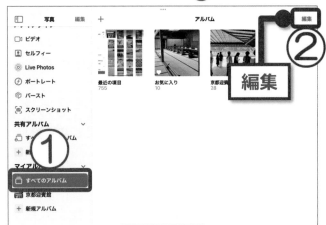 

④ ［"アルバム名"を削除］と表示されます。［アルバムを削除］をタップします。
⑤ アルバムが削除されます。［完了］をタップします。

5　ホーム画面の壁紙として写真を設定

iPad の壁紙を自分で撮った写真に変更してみましょう。気に入った写真があれば、いつでも気軽に壁紙を変更できます。壁紙は、ホーム画面とロック画面それぞれ別のものを設定することができます。

① 気に入った写真をタップします。
② ⬆️ をタップします。
③ 画面を上に動かして、［壁紙に設定］をタップします。［横向きまたは縦向きでウィジェットを追加］と表示されたら［OK］をタップします。

④ 設定した写真は 2 本指で画面を動かして位置を調整したり、広げて大きくしたりできます。
写真の配置が決まったら［追加］をタップします。

⑤ ［壁紙を両方に設定］をタップします。

⑥ ホーム画面に設定された壁紙を確認します。同様にして、ロック画面にも写真を設定できます。

ロック画面に設定しておくと、気に入った写真をいつも見ることができていいですね。

レッスン 5　Google フォトでの写真のバックアップ

iPad で撮った写真や動画は、iPad 本体に保存されます。万が一、iPad 本体を紛失したり故障したりすると保存してある写真や動画を失ってしまうことになりかねません。
写真や動画は、iPad 本体とは別の場所にもコピーしておくことが望ましいです。これをバックアップといいます。写真や動画は、日ごろからバックアップするようにしておきましょう。

1　Google フォトとは

ここでは Google 社の Google フォト（グーグルフォト）を使って写真や動画のバックアップをします。Google フォトには、自動バックアップという機能があります。
前述した通り、iPad 本体の故障や紛失などがあった場合、それらの写真が見られなくなることがあります。そんな時に便利な機能が自動バックアップです。自動バックアップの設定をしておけば、一定の条件のもと、iPad で撮った写真が次々とインターネット上の自分専用の場所に保存されるようになります。Google フォトでは、指定する画像サイズに設定した場合、15GB（ギガバイト）までは無料でバックアップされます。
Apple 社にも iCloud（アイクラウド）という同様の仕組みがあります。こちらは 5GB（ギガバイト）までは無料でバックアップされます。
Google フォトも iCloud も、用量を超えた分については毎月料金を払って利用します。
Google フォトは、Google アカウントを持っていれば誰でも利用できます。同じ Google アカウントを使っていれば、利用している機種に関係なく同じ写真を見ることができます。

▼Apple 社の iCloud の場合

無料で使える容量（5G）を超えると、[iCloud ストレージがいっぱいです]と表示されます。
それ以上を利用したい時は、[ストレージをアップグレード]をタップし、有料プランに切り替えます（P164 参照）。

容量によって
月々の料金が
異なります。

▼Google 社の Google フォトの場合

［元の画質］よりも［保存容量の節画質］を選んでおけば、より多くの写真と動画を保存することができます。

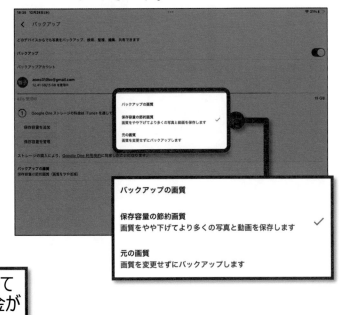

2 Google アカウントの作成

Google フォトを利用する場合、Google アカウント（Gmail）が必要になります。初めて利用する場合は、Google フォトのアプリの画面から、Google アカウントを作成します（Google フォトの追加は P84 参照）。

Google アカウント作成の途中で、確認のため携帯電話番号宛に 6 桁の数字が送られます。すぐに書き留めておけるよう、メモなどを用意しておきましょう。

すでに Google アカウントを持っていて、そのパスワードも覚えている方は、手順⑤に進み、Gmail アドレスとパスワードを入力して進んでください。パスワードを忘れてしまっている方は、下記の手順で新規に作り直しても構いません。

① 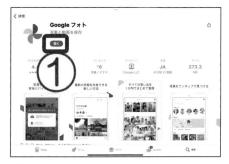 Google フォトの［開く］をタップします。
② ［ログイン］をタップします。
③ ［"Google フォト"がサインインのために"google.com"を使用しようとしています。］と表示されたら［続ける］をタップします。

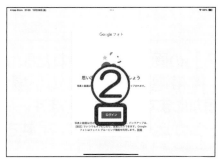

④ ［ログイン］の画面が表示されたら［アカウントを作成］をタップし、［個人で使用］をタップします。
　※Google アカウントを持っている場合は、ここにメールアドレスを入力して［次へ］をタップし、パスワードを入力します。
⑤ ［姓］［名］を入力し、［次へ］をタップします。

131

⑥ ［基本情報］の画面が表示されたら［生年月日］と［性別］を入力し、［次へ］を
タップします。

⑦ ［Gmail アドレスの選択］と表示されます。［自分で Gmail アドレスを作成］をタップ
し、希望するメールアドレスを入力し、［次へ］をタップします。ここで入力したものが、
Google アカウントとして使用されます。
　※アルファベット、数字、ピリオドだけが使用できます。すでに存在するユーザー名と同じも
のを入力した場合、赤色の文字で［このユーザー名は既に使用されています。別のユー
ザー名を選択してください。］と表示されるので、その時は、別のユーザー名を入力します。

⑧ ［安全なパスワードの作成］と表示されたら 8 文字以上でパスワードを入力します。
　確認のためもう一度同じパスワードを入力し、［次へ］をタップします。

⑨ ［電話番号を追加しますか？］の画面が表示されたら、パスワードを忘れた時のために、
携帯電話番号を入力します。携帯電話を持っていない場合、手順⑫でスキップできます。

⑩ 画面を上に動かし、［はい、追加します］をタップします。

⑪ 携帯電話番号宛てに、メッセージが送られてきます。記載されている 6 桁の数字を入力
し、［次へ］をタップします。

⑫ ［プライバシーポリシーと利用規約］が表示されたら画面を上に動かし、［同意する］を
タップします。

⑬ ［思い出を安全に保存しましょう］と表示されます。［XXX さんとしてバックアップ］をタッ
プします。

⑭ ［“Google フォト”は通知を送信します。］と表示されます。［許可］をタップします。

⑮ ［フェイスグループを使って Google フォトを最大限に活用しましょう］と表示されたら［許可］をタップします。

⑯ ［すべての写真へのアクセスを許可］をタップします。

⑰ ［フルアクセスを許可］をタップします。

作成した Google アカウントは、Google フォトで利用していますが、Gmail のメールアドレスとしても有効に利用できます（P66 参照）。Google アカウントとパスワードがあれば、iPad 以外（iPhone やパソコン）にも設定できます。Google アカウントとパスワードは、とても大事なものなので忘れないようにしましょう。

	年　　月　　日 取得
Google アカウント	@gmail.com
パスワード	

3　バックアップ時の画質の設定

Google フォトは無料で 15GB まで写真をバックアップ（保存）することができます。バックアップする画質を［保存容量の節約画質］にしておけば、より多くの枚数の写真や動画をバックアップできます。画質は次のようにして設定します。

① 右上のプロフィール画像（自分の名前）をタップします。

② ［Google フォトの設定］をタップします。

③ ［バックアップ］をタップします。

④ ［バックアップの画質］をタップします。

⑤ ［保存容量の節約画質］をタップします。

⑥ 何もないところをタップします。

⑦ ［＜設定］［＜戻る］をタップして Google フォトの画面に戻ります。

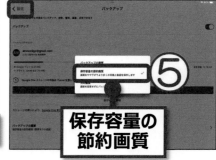

4　写真の自動バックアップ

Google フォトで一度設定しておけば、以降は Wi-Fi（ワイファイ）の利用できる場所にいると、自動的にバックアップが行われます。時々 Google フォトを開いて、写真や動画のバックアップができているか確認するとよいでしょう。Google フォトを開いていると、バックアップが迅速に行われます。

［写真］で見ている写真や動画は、iPad 本体に保存されているものです。

 ［Google フォト］で見ている写真や動画は、インターネット上に保存されているものです。もし iPad が故障したり、紛失したりしても、Google アカウントがわかっていればインターネット上の写真や動画が失われることはありません。

① iPad で撮影した写真が、Google フォトの画面に表示されます。
② 写真のバックアップがはじまります。写真に ⬆ が表示されます。バックアップされた順に ⬆ が消えていきます。
③ 画面右上に表示されている名前をタップします。
④ ［バックアップ中］と表示されたらバックアップの最中です。

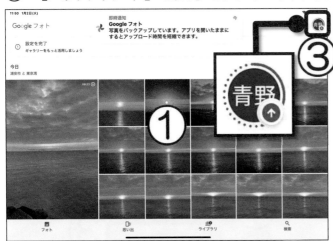

⑤ ［バックアップが完了しました］と表示されたら、写真や動画のバックアップは完了です。
⑥ 画面右上に表示されている名前をタップすると、どのくらいの容量を使用しているかが確認できます。

ホーム画面の ［写真］と、ホーム画面の ［Google フォト］には同じ写真がありますが、［Google フォト］はインターネット上の保管場所（クラウド）に保存した写真です。同じ写真が 2 枚あると勘違いして、どちらかを消してしまわないように気をつけましょう。

第7章
iPad のアプリを活用しよう

レッスン 1　メモの使い方

メモは手軽な備忘録の代わりに使うことができます。覚えておきたいこと、やるべきことなどを書き留める手軽なノート代わりに使ってみましょう。

1　チェックリストの作成

メモを使うと、簡単にチェックリストを作ることができます。チェックリストは用件が終わったものをタップすると、チェックマークが付きます。「買い物メモ」「お土産メモ」「やることメモ」など、忘れないようにメモを使ってチェックリストを作っておくと便利です。

1行目に入力した文字がメモのタイトルになります。メモ一覧で見た時にわかりやすいよう、1行目にはメモの内容がわかるようなものを入力しておくとよいでしょう。

ここでは買いたい本のリストを作成します。

① ホーム画面の　　　　　［メモ］をタップします。

② 画面右上の　　　　　をタップします。

③ メモが表示されたら「買いたい本」と入力し、キーボードの［改行］をタップします。

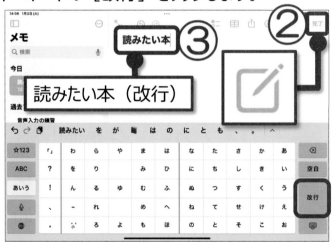

④ 　　　　をタップします。◯ が表示されます。「青の炎」と入力します。
⑤ キーボードの［改行］をタップすると自動的に ◯ が表示されます。

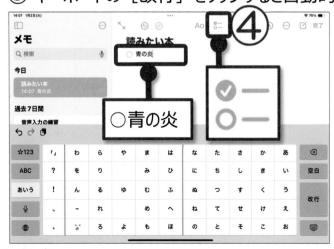
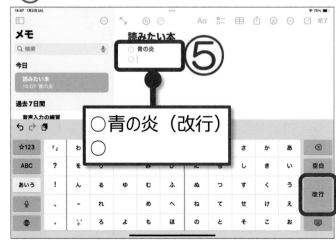

136

⑥ 続けて入力します。改行によって余分な ◯ が入力された時は、キーボードの ⟨×⟩ をタップして削除します。

⑦ チェックリストにしたものは、◯ をタップすると ✓ になります。［自動並べ替えを有効にしますか？］と表示されたら［並べ替えを有効にする］をタップします。 ✓ を付けたものが下に移動します。

⑧ メモ一覧には、メモの1行目がタイトルとして表示されています。

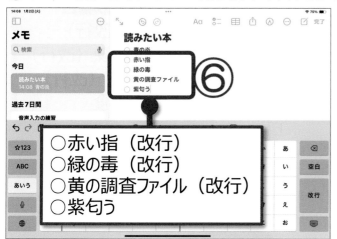

2　箇条書きや番号付きのメモの作成

メモにはあらかじめ用意された本文、箇条書き、番号付きなどのスタイルがあります。
スタイルを選んでから入力すると、自動的に箇条書きになったり、番号が付いたりします。

① 画面右上の ⬚ をタップします。

② メモが表示されたら「防災訓練について」と入力し、キーボードの［改行］をタップします。

③ Aa をタップすると、スタイル一覧が表示されます。

④ 好みのスタイル（ここでは ⬚［段落番号］）をタップします。

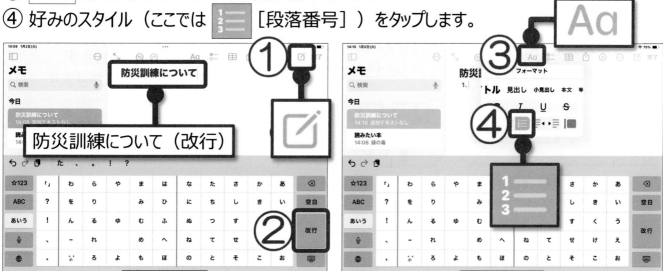

⑤ 入力すると、選択したスタイルによって番号が振られたり、箇条書きになったりします。

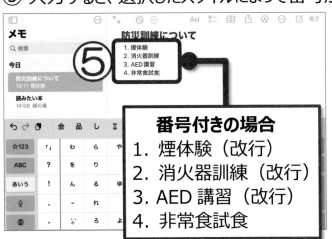

番号付きの場合
1. 煙体験（改行）
2. 消火器訓練（改行）
3. AED 講習（改行）
4. 非常食試食

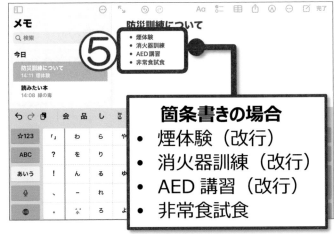

箇条書きの場合
* 煙体験（改行）
* 消火器訓練（改行）
* AED 講習（改行）
* 非常食試食

ワンポイント　メモを削除するには

メモ一覧の画面で、削除したいメモをゆっくり左に動かして［ゴミ箱］をタップすると、メモが削除されます。［削除したメモは”最近削除した項目”フォルダに移動されます］と表示されたら［OK］をタップします。

3　手書きメモの作成

メモには鉛筆、マーカー、ペンなどを使って手書きができます。サイズを書き留めたり、筆談に使ったりすることもできます。手書きの図形をきれいな図形に補正することもできます。

① 画面右上の 　　　 をタップします。
② 「テーブル配置図」と入力し、改行します。
③ 　　　 をタップします。
④ ペンが表示されます。左右に動かすとその他のペンも表示されます。● をタップすると、ペンの色が選べます。

❶鉛筆　❷蛍光ペン
❸ペン　❹消しゴム
❺選択ツール：描いた部分を
指で囲むと選択できます。
選択した部分を動かせます。

テーブル配置図（改行）

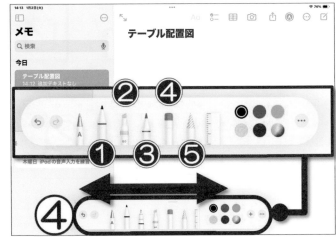

⑤ 使いたいペンをタップします。選ぶペンによって線の太さが違います。

⑥ 図形を描いた後で、そのまま指を離さずにいると、きれいな図形に補正されます。

⑦ 書き直したい時は 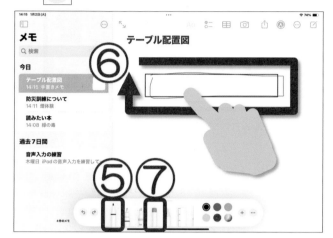 をタップし、消したいところを指でなぞります。

⑧ ペン、 蛍光ペン、 鉛筆を素早く2回タップすると、ペン先の太さと透明度が選べます。

⑨ をタップすると、1操作ずつ元に戻すことができます。

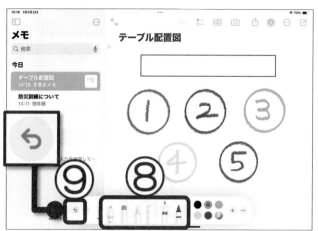

4 手書きの紙や書類のスキャン

メモアプリのスキャン機能を使えば、書類や名刺、配布プリントなどを iPad に取り込むことができます。スキャンしたいものを濃い色のテーブルや背景に置くと、スキャンする範囲がはっきりして、読み取りやすくなります。初期設定ではスキャンする範囲が自動的に判別され、自動的に読み取られるので、自分でシャッターボタンをタップする必要はありません。

① 画面右上の をタップします。

② をタップします。

③ ［書類をスキャン］をタップします。

④ スキャンしたい書類に iPad をかざします。しばらく待つと、スキャンしたい範囲が黄色で選択され、シャッター音がして自動的に書類がスキャンされます。同時にスキャンしたいものがある時は、書類を取り換えて iPad をかざします。

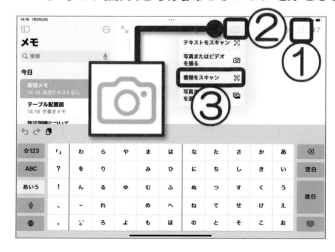

⑤ 書類がスキャンされたら［保存］をタップします。
⑥ 書類が取り込まれ、メモに保存されます。

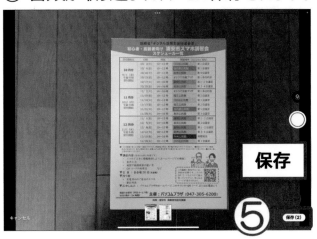

レッスン 2　カレンダーの使い方

iPad のカレンダーは、日付を確認するだけでなく、スケジュール帳の感覚で使うことができます。毎年繰り返す予定、日時の決まった予定などを追加してみましょう。
カレンダーに書き込んだスケジュールは、今日の予定としてホーム画面に表示されます。

1　カレンダーの切り替え方

カレンダーは日付単位、週単位、月単位、年単位で表示できます。どの年月日を見ていたとしても、［今日］をタップすると、今日のカレンダーに戻ることができます。

① ホーム画面の ［カレンダー］をタップします（カレンダーのアイコンにはその日の日付が表示されます）。
② ［"カレンダー"の新機能］と表示されたら［続ける］をタップします。
　 また、［"カレンダー"に位置情報の使用を許可しますか？］と表示されたら［アプリの使用中は許可］をタップします。［"カレンダー"は通知を送信します］と表示されたら［許可］をタップします。
③ 日単位のカレンダーが表示されます。左右に動かすと、別の日が見られます。

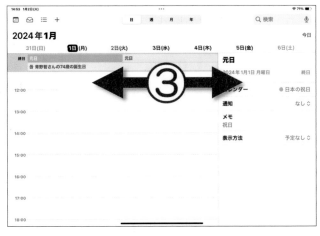

140

④ ［週］［月］［年］をそれぞれタップすると、週、月、年表示のカレンダーに変わります。
　　［週］は左右、［月］と［年］は上下に動かしてほかの週、月、年を表示します。
⑤ 画面右上の［今日］をタップすると、今日の日付に戻ります。

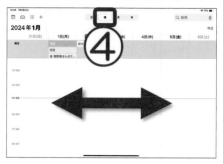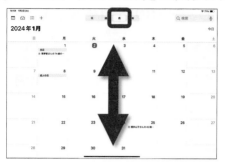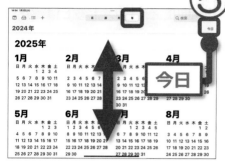

2　繰り返す予定の入力

自分の誕生日をカレンダーに書き込んでみましょう。毎年繰り返す設定にすれば、誕生
日が毎年のカレンダーに自動的に書き込まれます。

① ┃＋┃ をタップします。
② ［新規イベント］の画面が表示されます。［タイトル］をタップし、予定を入力します（こ
　こでは「誕生日」）。
③ ［終日］の ⚪ オフをタップして ⚫ オンにします。
④ ［開始］をタップし、表示された日付を左右に動かして自分の誕生日をタップします。

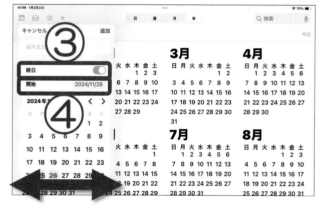

⑤ ［繰り返し］をタップします。
⑥ ［毎年］をタップします。
⑦ ［追加］をタップします。

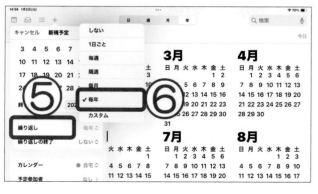

⑧ 自分の誕生月を表示し、誕生日を確認します。

⑨ ［年］をタップし、カレンダーを上下に動かし、別の年の同じ日付にも誕生日が書き込まれていることを確認します。

⑩ 画面右上の［今日］をタップし、今日の日付を表示します。

 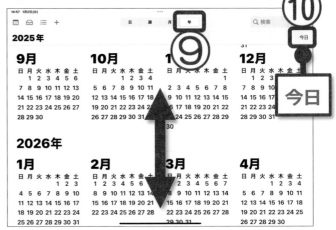

3　開始と終了の決まった予定の入力

「何時」から「何時」、「何日」から「何日」と決まっている予定を書き込んでみましょう。どの月を表示していても、カレンダーの［＋］をタップすれば、すぐに予定を入力できます。

① 　＋　 をタップします。

② タイトルに予定を入力します（ここでは「コンサート」）。

③ ［開始］［終了］をタップし、日付と時刻を設定します。

④ ［追加］をタップします。カレンダーに予定が書き込まれます。

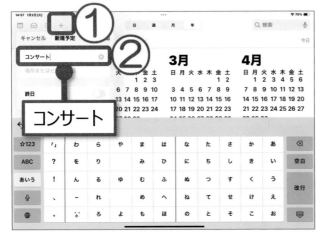 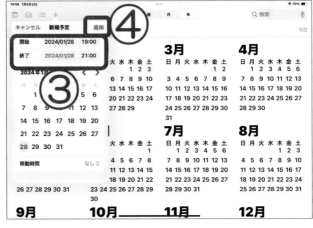

予定の変更や追加があった時は、書き込んだ予定をタップし、［編集］をタップします。

142

4 予定の削除

予定そのものがなくなった時は削除しましょう。

① 削除する予定をタップします。
② ［予定を削除］をタップします。
③ もう一度［予定を削除］をタップすると予定が削除されます。

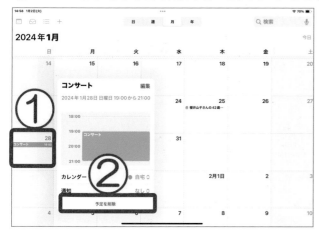
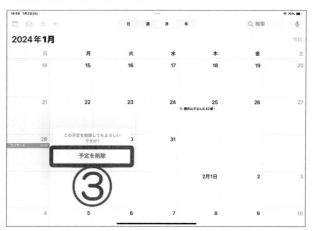

レッスン 3 　天気の調べ方や時計の使い方

iPad では簡単に天気を調べることができます。また、時計は目覚まし時計やタイマーなどになったり、現在地や登録した複数の都市の時刻を簡単に知ることができます。

1 天気の調べ方

iPad には天気アプリはありませんが、通知センターで天気を知ることができます。位置情報サービスで取得された現在地の今日の天気や、1週間分の天気予報がわかります。

① ホーム画面の［天気］をタップします。位置情報の使用を聞かれたら［アプリの使用中は許可］をタップします。
② Safari が開き、weather.com のページが表示されます。画面を上に動かすと、今日の天気、日の出や日の入りの時刻、湿度などの情報が確認できます。

2 時計の切り替え

iPad があれば、時間を知るだけではなく、タイマーやストップウォッチとしても使えます。キッチンタイマーの代わりにしたり、運動で使ったり、ちょっとした時間を計ったりするのに便利です。

① ホーム画面の [時計] をタップします。
② 画面下に時計の種類が表示されます。タップして切り替えます。

3 世界時計

家族や友人が海外にいる場合、現地は今何時かを知るのに便利なのが世界時計です。世界各国の都市が簡単に追加できます。

① [世界時計] をタップします。

② [＋] をタップすると、世界の都市を追加できます。
③ 都市の一覧が表示されます。一覧を上下に動かして目的の都市名をタップすると、選択した都市の時計が追加されます。
④ [検索] ボックスに都市名を入力し、検索された都市名をタップして追加することもできます。

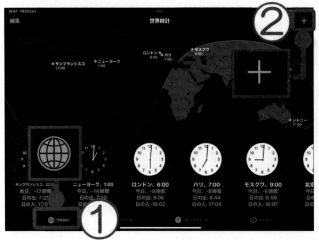

⑤ 追加した都市の時計を削除したい時は、［編集］をタップします。
⑥ 削除したい時計の ⊖ をタップし、［完了］をタップします。

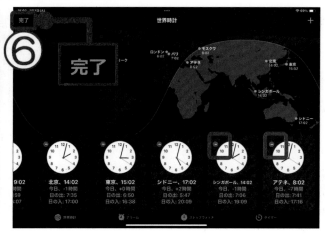

4 アラーム

アラームはいくつでも簡単に設定できます。アラームを設定する曜日も細かく決められます。メニューにあるスヌーズとは英語で「居眠り」という意味です。設定したアラーム時刻の 9 分後にもう一度アラーム音が鳴ります。［スヌーズ］がオンになっていると、アラームの時間が過ぎても何度も繰り返しアラーム音が鳴ります。この二度寝防止機能が煩わしい場合は、設定時に［スヌーズ］を［オフ］にしておくとよいでしょう。

① ⏰ ［アラーム］をタップします。
② ➕ をタップすると、アラームを追加できます。
③ 表示された数字を動かして時刻を決めます。
④ ［繰り返し］をタップします。
⑤ アラームを設定したい曜日をタップしてチェックマークを付けて、［＜戻る］をタップします。
⑥ ［スヌーズ］をタップすると、 オンと オフが切り替えられます。
⑦ ［保存］をタップします。

145

⑧ 設定したアラームは、タップして ⬤◯ オンと ◯⬤ オフが切り替えられます。

⑨ アラームが鳴ったら、［停止］をタップします。

5　ストップウォッチ、タイマー

タイマーは、I秒から 23 時間 59 分 59 秒まで計測できます。

①  ［ストップウォッチ］をタップします。

② ［開始］をタップすると時間の計測を開始し、［停止］をタップすると計測を停止します。

③  ［タイマー］をタップします。

④ 時刻を上下に動かして、タイマーを設定したい時間を決めます。

⑤ ［開始］をタップするとカウントダウンが開始され、［一時停止］をタップすると停止します。

146

レッスン 4　音楽、本の購入や映画のレンタル

iTunes Store には音楽、本、映画が揃っています。音楽は試聴してから購入できます。本もサンプルが読めたり、映画は予告編を見たりできます。音楽、本、映画を入手するのは iTunes Store からですが、音楽は［ミュージック］、本は［ブック］、映画は［Apple TV］というアプリを利用して楽しみます。

1　音楽、本、映画を楽しむためのアプリ

iPad には Apple 社が運営する次のような専用ショップのアプリが最初から用意されています。24 時間 365 日利用できる「音楽・映画ショップ」「書店」というイメージです。音楽は試し聞きができるほか、定額料金を払えば聴き放題の音楽サービス（Apple Music）があります。映画は数百円でレンタルができます。

	App Store（アップストア） 有料・無料のアプリが常時、多数用意されています。アプリは検索したり、ランキングから探したりできます。
	iTunes Store（アイチューンズストア） 音楽、ミュージックビデオなどが多数用意されています。音楽は 90 秒間試聴ができ、1 曲から購入できます。
	Apple Music（アップルミュージック） iTunes Store から購入した曲が管理できます。また、約 1 億曲の音楽が 1 ヶ月 1080 円（最初の 1 ヶ月は無料）で聴き放題のサービスがあります。
	Apple Books（アップルブックス） 電子書籍を閲覧するためのアプリです。小説や漫画、最新のベストセラー、無料で入手できる書籍などが用意されています。本の試し読みもできます。
	Apple TV（アップルテレビ） 映画の管理、レンタル、購入を行うアプリです。映画は予告編を見られます。
	Apple Podcast（アップルポッドキャスト） インターネットを通じて音声や動画を配信するサービスです。ニュース、ラジオ番組や語学学習などが定期的に配信されます。

2 Apple ギフトカードの利用

有料のアプリや音楽、本などを購入する時は、コンビニエンスストアなどで売っているプリペイド式の Apple ギフトカードを利用するとよいでしょう。Apple ギフトカードを使えば、記載されている額面分、有料アプリの購入や音楽、本の購入、映画のレンタルなどができます。

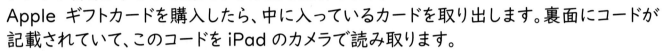

ここでは先に額面分のチャージをしてから有料アプリや音楽、本などを購入する方法を紹介します。

Apple ギフトカードを購入したら、中に入っているカードを取り出します。裏面にコードが記載されていて、このコードを iPad のカメラで読み取ります。

有料アプリや音楽、本などは一度購入すれば、そのまま利用することができます。iPad を買い替えた場合でも、購入履歴が残るので、同じ Apple ID を使えば料金が発生せずに、これらを再び新しい iPad に追加することができます。

① ホーム画面の [App Store] をタップします。

② 画面右上の自分の名前をタップします。

③ ［アカウント］の画面が表示されたら［ギフトカードまたはコードを使う］をタップします。

④ ［カメラで読み取る］をタップします。

⑤ をタップし、Apple ギフトカードの裏面に iPad のカメラをかざすと、コードが読み取られます。

⑥ ［サインインが必要です］と表示されたら、Apple ID のパスワードを正確に入力し［サインイン］をタップします。Touch ID の画面が表示されたらトップボタン（またはホームボタン）に指紋を登録した指をのせます。Face ID の画面が表示されたら、視線を iPad に合わせます。

⑦ ［Apple Account に￥XXXX が追加されました］と表示され、チャージした金額が記載されます。

⑧ ［Apple TV+を 1 か月無料で楽しもう。］と表示されたら［受け取らない］をタップします。［よろしいですか？］と表示されたら［OK］をタップします。

⑨ ［×］をタップします。

残金の確認は、画面右上の ☺青野 をタップし、もう一度自分の名前をタップします。［アカウント残高］にチャージした残金が表示されます。追加でチャージしたい時は、［ギフトカードまたはコードを使う］をタップします。

3 音楽の購入

音楽の購入には、iTunes Store（アイチューンズストア）を使います。iTunes Store にある音楽は、曲の長さによって 60〜90 秒間の試聴ができます。音楽は1曲単位で購入できます。1 曲ずつ購入するよりアルバムとして購入すると、お得な価格設定になっています。購入した曲は、iPad の ［ミュージック］に保存され、いつでも聞くことができます。

① ホーム画面の ⭐［iTunes Store］をタップします。

② ［ようこそ iTunes Store へ］と表示されたら［続ける］を、通知の許可を求められたら［許可］をタップします。

③ ［ファミリー共有を設定］と表示されたら［今はしない］をタップします。

④ ［ミュージック］をタップします。画面を上下左右に動かすと音楽が探せます。

⑤ ［ジャンル］をタップすると、曲をジャンルごとに探せます。

⑥ 画面上の $\boxed{Q}$ をタップし、［検索］ボックスにキーワードを入力してキーボードの［検索］をタップします。

⑦ 検索結果は［すべて］［ソング］［アルバム］［ブック］［オーディオブック］［着信音］［ミュージックビデオ］［ポッドキャスト］などに分類されます。

⑧ 検索した曲のタイトルをタップすると、曲が試聴できます。曲のタイトルをもう一度タップすると、曲が停止します。

⑨ 購入したい音楽を見つけ、音楽の購入金額をタップします。1曲ずつ購入することも、アルバムとしてまとめて購入することもできます。金額は音楽によって異なります。

⑩ ［Touch ID で支払う］と表示されたら、トップボタン（またはホームボタン）に登録した指をのせます。指紋が認識されると［完了］と表示されます。

➡️ 顔認証のできる iPad の場合、iPad に視線を合わせます。顔が認識されると［完了］と表示されます。

⑪ 指紋認識（または顔認識）がうまくいかない時は［パスワードを入力］をタップし、Apple ID のパスワードを正確に入力して［サインイン］をタップします。

⑫ 購入作業が終わると［再生］と表示されます。［再生］をタップすると、曲を最後まで聞くことができます。

⑬ ホーム画面の  ［ミュージック］をタップします。
⑭ ［Apple Music の新機能］と表示されたら［続ける］をタップします。
⑮ ［３か月間無料で音楽をお楽しみいただけます。］と表示されたら右上の［×］をタップします。
⑯ ［最近追加した項目］に購入した音楽が表示されます。一度購入したものは、ホーム画面の  ［ミュージック］からいつでも再生できます。

4　本の購入

本の購入には、［ブック］を使います。本にはサンプルがあり、内容を一部読むことができるようになっています。漫画などは１巻だけ無料で読めるものがあります。本や雑誌を何冊購入しても、iPad ならかさばらずに持ち歩くことができます。また、「耳で聞く本」のオーディオブックを楽しむこともできます。

① ホーム画面の  ［ブック］をタップします。
② ［ようこそ Apple Books へ］と表示されたら、［はじめよう］をタップします。通知に関するメッセージが表示されたら［今はしない］をタップします。ブックの画面が表示されます。
③ ［今すぐ読む］には、おすすめの本が表示されたり、読みかけの本が表示されたりします。

④ ［ブックストア］をタップすると、ブックで読める本が表示されます。
⑤ ［マンガストア］をタップすると、漫画本が表示されます。

⑥ ［検索］をタップすると、キーワードを使って読みたい本が探せます。［検索］ボックスにキーワード（ここでは「増田由紀」）を入力して、キーボードの［検索］をタップします。
⑦ ［無料サンプル］をタップすると、試し読みができます。

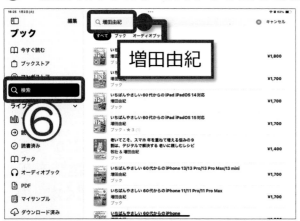

⑧ 画面をタップしてサンプル本をめくるように左にドラッグすると、中身を読むことができます。
⑨ サンプルの最後のページに価格が表示されています。価格をタップします。

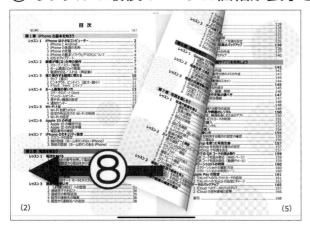

⑩ ［Touch ID で支払う］と表示されたら、トップボタン（またはホームボタン）に登録した指をのせます。指紋が認識されると［完了］と表示されます。

　　顔認証のできる iPad の場合、iPad に視線を合わせます。顔が認識されると［完了］と表示されます。

⑪ 指紋認識（または顔認識）がうまくかない時は［パスワードを入力］をタップし、Apple ID のパスワードを正確に入力して［サインイン］をタップします。

⑫ しばらくすると、全ページが読めるようになります。画面をタップし、画面の下を左右に動かすと、ページを素早く移動できます。

⑬ ［＜］をタップします。

⑭ ［ライブラリ］の［すべて］をタップすると、自分の購入した本や、サンプルを読んだ本が表示されます。

5　映画のレンタル

映画のレンタルには、Apple TV（アップルテレビ）を使います。

映画のレンタルにはダウンロードという作業が伴います。映画の長さにもよりますが、ある程度の時間がかかるので、iPad を持ち出して映画を見たいという時は、事前に余裕をもってダウンロードしておくとよいでしょう。

① ホーム画面の [Apple TV] をタップします。

② ［検索］には映画がジャンル別に分類されています。見たいジャンルをタップします。

③ ［検索］ボックスにキーワードを入力して検索することもできます。

④ 見たい映画のレンタル金額をタップします。金額は映画により異なります。

⑤ ［Touch ID で支払う］と表示されたら、トップボタン（またはホームボタン）に登録した指をのせます。指紋が認識される［完了］と表示されます。

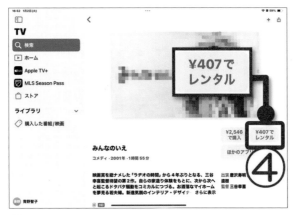 顔認証のできる iPad の場合、iPad に視線を合わせます。顔が認識されると［完了］と表示されます。

⑥ 指紋認識（または顔認識）がうまくかない時は［パスワードを入力］をタップし、Apple ID のパスワードを正確に入力して［サインイン］をタップします。

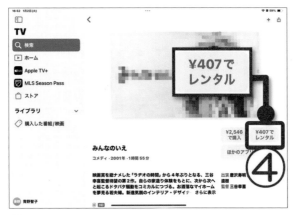 

⑦ ［Apple TV＋をはじめよう］と表示されたら［今はしない］をタップします。

⑧ ［再生］と表示されます。［再生］をタップすると映画が再生されます。レンタル期間は、レンタルした日から 30 日以内、一度再生を始めてから 48 時間以内です。その期間は何度でも見ることができます。iPad を横にすると大きく表示できます。

⑨ レンタルした映画を後で見る時は、ホーム画面の ［Apple TV］をタップします。

⑩ ［レンタル］をタップすると、レンタルした映画が表示されます。見たい映画をタップします。

 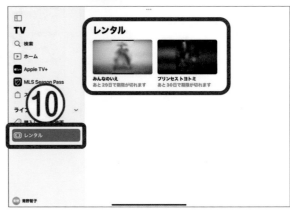

第**8**章

iPad の
便利な機能を
利用しよう

レッスン 1　Siri の使い方

iPad の音声アシスタント機能には Siri（シリ）といいます。Siri に話しかけると、今日の天気を教えてくれたり、スケジュールが確認できたりします。また Siri にやりたいことを頼むと、会話形式で操作のアシスタントをしてくれたりします。

1　Siri を利用する場合の設定の確認

Siri を使う前に、次のような設定を確認しておく必要があります。
iPad に「ヘイシリ」と呼びかけて操作できるように、Siri の設定もしておきましょう。

① ホーム画面の　[設定] をタップします。
② [Siri と検索] をタップします。
③ [トップボタンを押して Siri を使用] の　　　オフをタップして　　　オンにします。
　　[Siri を有効にしますか？] と表示されたら [Siri を有効にする] をタップします。
　　丸いホームボタンのある iPad の場合、[ホームボタンを押して Siri を使用] をタップします。
④ [Siri の声を選択] と表示されたら、[声 1（男性）][声 2（女性）] どちらかをタップし [完了] をタップします。
⑤ ["Hey Siri" を聞き取る] の　　　オフをタップして　　　オンにします。

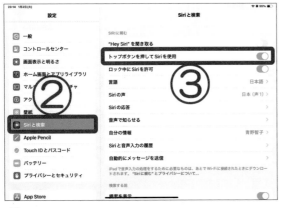

⑥ ["Hey Siri" を設定] と表示されたら [続ける] をタップします。
⑦ 画面の指示に従い、「Hey Siri（ヘイ、シリ）」や「Hey Siri、メッセージを送信。」「Hey Siri、今の天気は？」「Hey Siri、タイマーを 3 分にセット。」「Hey Siri、自宅への道順を教えて。」「Hey Siri、音楽をかけて。」と話しかけて、自分の声を認識させます。
⑧ ["Hey Siri" の準備ができました] と表示されたら [完了] をタップします。

⑨ ［Siri および音声入力の改善］が表示されたら、［今はしない］をタップします。

⑩ ［自分の情報］に自分の名前が表示されていることを確認します。名前が表示されていない時は、タップして連絡先から自分の名前をタップします。

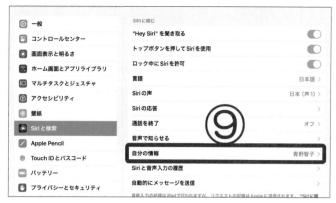

🎯 ワンポイント　位置情報サービスについて

位置情報サービスがオンになっていると、最寄りの施設などを Siri に探してもらうことができます。［設定］をタップし、［プライバシーとセキュリティ］の［位置情報サービス］がオンになっていることを確認します。

2　Siri に尋ねる

よく知っている人にものを尋ねるように、天気、検索したいこと、道順、周辺のお店、気になったことなど、思いつくままに Siri にいろいろと話しかけてみましょう。Siri は現在地情報をもとに天気や経路、周辺の施設を調べることができます。

Siri を呼び出すには、ホームボタンのない iPad はトップボタンを、ホームボタンのある iPad はホームボタンを長めに押します。

▼ホームボタンのない iPad の場合

▼ホームボタンのある iPad の場合

Siri は画面右下に控えめに表示されるので、ほかの作業をやりながらでも Siri に話しかけてその回答を得ることができます。

話しかけた言葉に応じて、Siri は適切な回答を表示してくれます。Siri の回答はその時々によって、また聞き方によって多少変わります。そのやり取りも楽しみのひとつです。

Siri の画面が表示されたら、すぐに話しかけます。トップボタン（またはホームボタン）を押してから間があると Siri とのタイミングが合いません。そのような時は、もう一度ボタンを長めに押して Siri の画面を表示します。

① トップボタン（またはホームボタン）を長めに押します。

② 画面右下に ⬤ が表示されます。「明日の天気は」と話しかけます。

③ 現在地の天気予報が表示されます。

ワンポイント **Hey Siri について**

「Hey Siri（ヘイ、シリ）」と iPad に呼びかけても、音声アシスタントを利用することができます。iPad を机の上に置いたまま、「Hey Siri」と呼びかけてから「明日の天気は？」などと聞いてみましょう。

レッスン 2　AirDrop を使った写真交換

AirDrop（エアドロップ）とは、近くにいる人に写真や動画、連絡先などを無線で送ることができる機能です。iOS 7 以上を搭載した iPad や iPhone などの間で利用できます。AirDrop は、「送りたいデータ」と「誰に送るか」を決めるだけ、受け取る側は［受け入れる］をタップするだけという、とても簡単なデータの送受信方法です。

1　AirDrop を利用する場合の設定

AirDrop の設定は、コントロールセンターで行います。

AirDrop を使う相手を［すべての人（10 分間のみ）］に設定すれば、相手の連絡先を知らなくても写真などを送ることができます。連絡先に登録してある相手とだけ使いたい時は［連絡先のみ］にしておきます。また、使わない時は［受信しない］にしておくとよいでしょう。

① 画面右上をゆっくり下に動かしてコントロールセンターを表示します。
② ［AirDrop］をタップします。［AirDrop］が表示されていない時は［Wi-Fi］や［機内モード］のある場所を強く押して［AirDrop］を表示します。
③ ［すべての人（10 分間のみ）］をタップします。

2　AirDrop で写真を送る

近くにいる相手に、AirDrop で写真を送ってみましょう。AirDrop では動画やメモ、地図の場所や、見ている Web ページなどを、近く（9メートル以内）の人に送ることができます。［すべての人（10 分間のみ）］に設定すれば、メールアドレスなどの連絡先を知らなくても写真を送ることができます。AirDrop で送った写真は、相手が受け入れれば自動的に［写真］に保存されます。写真は複数人に複数枚同時に送ることもできます。また、写真だけでなく動画を送ることもできます。

送る相手の iPad がスリープ状態（画面が暗い）だと、送る側の画面に相手が表示されません。AirDrop は、お互いスリープではない状態（画面が明るい）で使いましょう。

■ 写真を 1 枚送る

① ホーム画面の  ［写真］をタップし、相手に送りたい写真をタップします。

② ⬆️ をタップします。

③ ［AirDrop］をタップします。

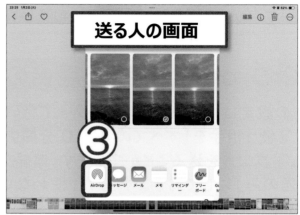

④ AirDrop が利用できる相手が近く（9 メートル以内）にいると、画面に表示されます。送る相手をタップします。

⑤ データが送信されると［送信済み］と表示されます。

⑥ AirDrop でデータが送られてくると、画面にメッセージが表示されます。送られてきたデータを受け取る時は［受け入れる］、受け取りたくない時は［辞退］をタップします。

⑦ ［送信済み］と表示されたら［×］をタップします。

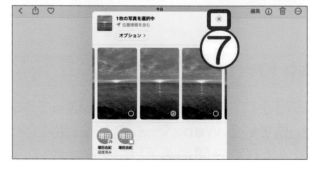

■ 複数の相手に複数の写真を送る

① 写真一覧の画面で［選択］をタップします。

② AirDrop で送りたい写真や動画をタップします。複数選択することもできます。

③ ⬆️ をタップします。

160

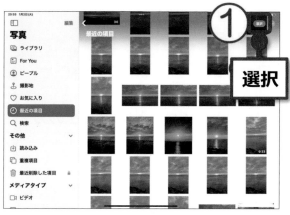
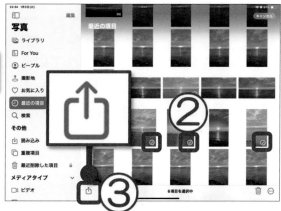

④ ［AirDrop］をタップし、画面に表示された相手をタップします。画面に表示された複数の相手に同時に送ることもできます。

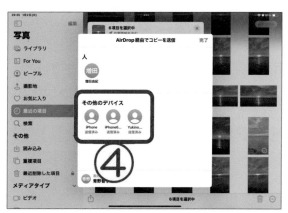

3 その他の AirDrop の利用シーン

AirDrop で送れるものは写真や動画だけではありません。

Web ページ、メモ、検索した場所、連絡先などにも が表示されていれば AirDrop が利用できます。

メモを送れば、その内容は相手の「メモ」で表示されます。自分が見ている Web ページを送れば、相手の「Safari」と、それぞれに対応したアプリが自動的に開きます。

▼Web ページ　　　　　　　▼メモ　　　　　　　▼アプリ

iPad や iPhone 同士なら、Airdrop を使って様々なものを送信できます。iPad、iPhone 同士ならぜひ相手にも使い方を教えてあげて、お互いがいつでも利用できるようにしておきましょう。

レッスン 3　カメラでの QR コードの読み取り

チラシやパッケージ、名刺などに記載されている QR コードを読み取ると、ホームページが簡単に表示できたり、メールアドレスの入力の手間が省けたりします。
QR コードを読み取るアプリは必要ありません。読み取りたい QR コードに、iPad のカメラをかざしてみましょう。

1　QR コードを読み取る（Web ページ）

カメラを QR コードにかざすと、画面にメッセージが表示されます。そのメッセージをタップすれば、QR コードで読み取った内容が表示されます。
写真を撮るわけではないので、カメラのシャッターボタンはタップしません。

① ホーム画面の ![カメラ] [カメラ] をタップします。
② 下にある QR コード（筆者の教室）にカメラをかざします。
③ QR コードの上に、読み取られた内容が表示されます。その文字をタップします（この場合ホームページのアドレス［pasocom.net］）。

▼筆者の教室

④ 該当するアプリが自動的に開き、読み取った内容が表示されます。

2　QR コードを読み取る（動画やメール）

動画を表示させたり、メール送信の画面を表示させたりする QR コードもあります。どのアプリで開くかを考えなくても、画面に表示されたメッセージをタップすれば、該当するアプリが開きます（QR コードで読み取られる内容は、いずれも筆者の教室関係のページです）。

▼筆者のブログ

▼お問い合わせフォーム

▼動画のページ

レッスン 4　スクリーンショットの利用

iPad の画面に表示されているものを、そのまま写真に撮ることができます。新聞記事のスクラップのように、見ている箇所をそのまま切り取って保存することができます。これをスクリーンショットといいます。

1　スクリーンショットの撮影方法

ホーム画面を撮影してみましょう。同時に押すタイミングが合わないと、画面が暗くなったりします。両方同時に押すには多少の慣れが必要ですが、ぜひ覚えておきましょう。

① 撮影したい画面を表示し、トップボタンと、音量を上げるボタン（上のボタン）を同時に押します。

　→ 丸いホームボタンのある iPad の場合、ホームボタンと電源ボタンを同時に押します。

② シャッター音がして、今見ている画面が撮影できます。

③ 撮影されたスクリーンショットは ❀［写真］で確認できます。

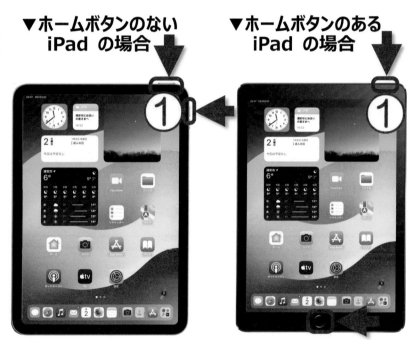

▼ホームボタンのない iPad の場合

▼ホームボタンのある iPad の場合

2　スクリーンショットの利用シーン

スクリーンショットを使えば、iPad の画面に表示されたものを保存できます。
例えば［設定］の画面で、どんな設定をしたのかを記録したり、大事なメールやメッセージの文面を残しておいたりするのに使うことができます。
Web ページで調べたお店の情報や、マップで検索した地図などをスクリーンショットで残しておくのもひとつの使い方です。
スクリーンショットで残した Web ページや地図は、1枚の写真と同じなので、見るためにインターネットの接続は必要ありません。簡単に画面メモを取る感覚で、ぜひ気軽に利用してみましょう。

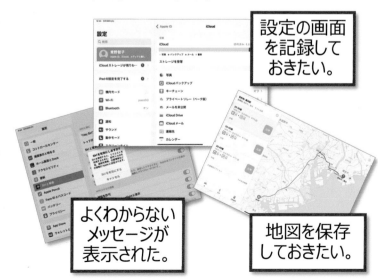

設定の画面を記録しておきたい。

よくわからないメッセージが表示された。

地図を保存しておきたい。

レッスン 5　データのバックアップ

自分の iPad に保存されているデータの複製を作り、インターネット上に保存することをバックアップといいます。自宅のリフォームや引っ越しと同じように、一度自分の荷物を預け、自宅をきれいにしたらまた荷物を戻す、という感覚です。自分の荷物を預かってもらう場所、それが iCloud です。Apple ID があれば無料で 5GB（ギガバイト）までのデータを保存しておくことができます。

1　iCloud へのデータのバックアップ

例えば、修理に出して初期状態になって戻ってきた iPad に、今まで使っていたアプリを再度追加したりするのは手間がかかります。また、書きためていたメモが全部なくなってしまうのも困ります。そんな時に便利なのが、iCloud（アイクラウド）バックアップというサービスです。

次の条件を満たす時、データのバックアップが iCloud に自動的に作成されます。

> ・　Wi-Fi 経由でインターネットに接続されていること
> ・　使っている iPad が電源に接続されていること
> ・　iCloud の設定がオンになっていること

iCloud バックアップの設定を確認する方法は次の通りです。

① ホーム画面の [設定] をタップします。
② 自分の名前をタップします。
③ ［iCloud］をタップします。
④ iCloud の使用状況が横棒グラフで表示されます。
⑤ ［iCloud バックアップ］が［オン］になっていることを確認します。

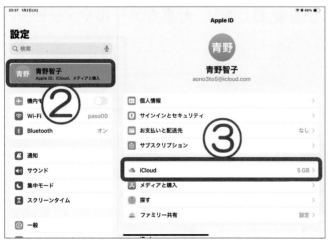

2 iCloud の空き領域の変更

バックアップするデータが無料で利用できる 5GB（ギガバイト）で収まらなくなると、[iCloudストレージがいっぱいです]という表示がたびたび出るようになります。

これは iPad 本体がデータでいっぱいになり、もう使えないという意味ではなく、インターネット上の保存場所である iCloud がデータなどでいっぱいになっている、という意味です。

メッセージを見てあわててしまい、もうデータが保存できないと勘違いする方も多いのですが、[iCloud ストレージ]とは iPad 本体の保存容量のことではありません。間違えないようにしましょう。

容量がデータでいっぱいになる要因として多いのは、たくさんの写真や動画のバックアップです。iCloud はそれらが自動的にインターネット上の倉庫に保存される仕組みなので、容量のことを考えて、必ずしもバックアップする必要のない写真や動画は、あらかじめ削除しておくとよいでしょう。

iCloud は月額使用料を支払えば、[iCloud+]にアップグレードして容量を増やすことができます。（価格は 2023 年 12 月現在）
- ・ 50GB ……………………… 130 円（税込）
- ・ 200GB …………………… 400 円（税込）
- ・ 2TB（テラバイト）……… 1300 円（税込）

必要のない写真や動画を削除しながら、無料の範囲内で使いたいという方もいるでしょう。あるいは、月数百円のコストで、iPad のデータを自動的にバックアップしてくれるなら使ってみてもよい、という方もいるでしょう。

ここでは iCloud の容量を 5GB から 50GB に増やす手順を紹介します。

月額使用料は、クレジットカードを登録して毎月支払う（P167 参照）ほか、コンビニエンスストアなどで販売している前払い式の「Apple ギフトカード」で支払うことができます。

※ここでは、第 7 章の P148 で登録した Apple ギフトカードで支払っています。

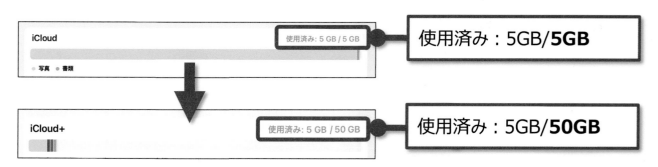

① ホーム画面の [設定] をタップします。
② 自分の名前をタップします。
③ [iCloud] をタップします。
④ [アカウントのストレージを管理] をタップします。

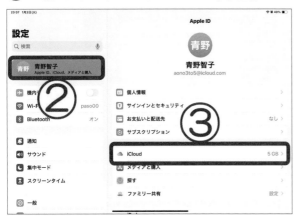

⑤ [ストレージプランを変更] をタップします。
⑥ プランの確認画面が表示されます。[50GB　月額￥130] をタップし、[iCloud+にアップグレード] をタップします。

⑦ [Touch ID でサブスクリプションに登録] と表示されたらトップボタン（またはホームボタン）に登録した指をのせます。

→ [ボタンで承認] と表示されたら、本体の電源ボタンを 2 回素早く押し、iPad に視線を合わせます。

※顔や指紋の認識がうまくかない時は、Apple ID のパスワードを正確に入力して [サインイン] をタップします。

⑧ 登録が済むと［iCloud+へようこそ］と表示されます。［完了］をタップします。
⑨ iCloud の容量が増量されます。

使用済み：3.3GB/**50GB**

第 6 章では Google フォトを利用した写真や動画のバックアップについて説明しました。思い出の写真や動画は同じものをもう一度撮ることはできないので、Google や iCloud などで、バックアップの設定をしっかりしておくことが大切です。

ワンポイント　クレジットカード情報を登録してアップグレードするには

支払い方法が設定されていないと iCloud+にアップグレードすることができません。クレジットカード情報を登録して支払う場合は次のようにします。

① 支払方法が設定されていない場合［サブスクリプションに登録］と表示されます。
② Apple ID のパスワードを入力し、［サインイン］をタップします。
③ ［お支払い情報が必要です］と表示されたら［続ける］をタップします。
④ ［お支払方法を追加］でクレジットカードの情報を追加し、［完了］をタップします。

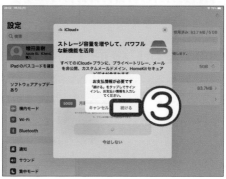
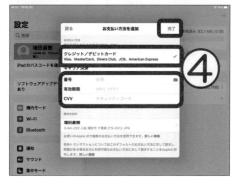

索　引